INTRODUCTION

L'objet de l'histoire de la presse est malaisé à délimiter.

D'abord, parce que, comme les autres branches de l'histoire générale, comme, par exemple, celles de la littérature, des faits économiques ou des mouvements sociaux, elle ne saurait se construire, ni se comprendre, sans une constante référence à l'évolution générale des sociétés. Peut-être même le journal est-il, de tous les sujets de la recherche historique, celui dont les rapports sont les plus étroits avec l'état politique, la situation économique, l'organisation sociale et le niveau culturel du pays et de l'époque dont il est le reflet.

Ensuite, parce que les limites du domaine de la presse périodique ont toujours été, et sont devenues de plus en plus imprécises, tant par rapport aux autres productions imprimées, nées avant elle dès le milieu du XVe siècle, comme le livre, la brochure, la feuille volante, que par rapport aux autres moyens d'information, nés du progrès technique, comme le cinéma à la fin du XIXe siècle, la radio dans les années 20 du XXe, la télévision dans les années 30 et l'Internet depuis un lustre. Ni la notion de périodicité pour les premières, ni celle de support imprimé pour les secondes ne permettent d'établir de différence fondamentale de nature entre les fonctions et les contenus de la littérature d'actualité et ceux du journalisme écrit ou audiovisuel.

Une autre difficulté de l'histoire de la presse tient à la diversité de ses organes. Dès le XVIIe siècle, la notion de presse périodique recouvrait une masse fort disparate de publications et, dans les siècles suivants, leurs types et leurs catégories se sont à un tel point diversifiés que leur variété et la multiplicité des titres masquent bien souvent l'unité de l'ensemble.

Par-delà les caractéristiques communes à toutes les publications, essentiellement le statut juridique, les données techniques de leur fabrication et économiques de leur exploitation et l'aspect formel du contenant, l'originalité du contenu et la spécificité de l'audience de chaque titre font obstacle à l'étude globale de la presse. L'historien de la presse doit essayer de concilier l'étude individualisée de chaque titre avec la présentation du monde de la presse dans son ensemble. Plus que d'autres, il est affronté à la difficulté de décrire à la fois la forêt et ses arbres.

L'histoire de la presse est aussi, à plus d'un sens, une science auxiliaire de l'histoire moderne et contemporaine. *Archives du quotidien,* les journaux sont la source la plus complète, et dans leur diversité, la plus objective de l'histoire générale. Témoins et acteurs de la vie nationale et internationale, ils sont des documents d'une richesse considérable mais difficiles à utiliser. À sa fonction première, qui est de restituer la vie des journaux et de préciser le rôle qu'ils ont joué dans l'évolution des sociétés, l'histoire de la presse ajoute une sorte de fonction dérivée : celle d'aider les historiens à utiliser leur témoignage.

L'essai de synthèse qui est présenté ici est forcément schématique dans sa relative sécheresse. Il prive son lecteur d'un des intérêts majeurs de l'histoire de la presse : celui du contact retrouvé, dans la grisaille des vieilles collections de journaux, par-delà le temps écoulé, avec les événements d'une actualité révolue, les préoccupations quotidiennes des générations passées et les passions des journalistes.

QUE SAIS-JE ?

Histoire de la presse

PIERRE ALBERT
Professeur émérite à l'Université Panthéon-Assas (Paris II)

Dixième édition

69ᵉ mille

DU MÊME AUTEUR, CHEZ LE MÊME ÉDITEUR

Histoire générale de la presse française, t. III : *1871-1940*, 3ᵉ partie : *La presse française* (p. 133-633).
La presse, « Que sais-je ? », nᵒ 414 (11ᵉ éd., 1996).
En collaboration avec André-Jean Tudesq, *Histoire de la radiotélévision*, « Que sais-je ? », nᵒ 1904 (5ᵉ éd., 1996).
En collaboration avec Ursula E. Koch, *Les médias en Allemagne*, « Que sais-je ? », nᵒ 3523 (1ʳᵉ éd., 2000).

ISBN 2 13 053391 4

Dépôt légal — 1ʳᵉ édition : 1970
Réimpression de la 10ᵉ édition : 2004, novembre

© Presses Universitaires de France, 1970
6, avenue Reille, 75014 Paris

Chapitre I

LA PRÉHISTOIRE DES JOURNAUX
ET LA NAISSANCE DES GAZETTES

I. — Les « ancêtres du journal »

Le besoin d'information est une des données fondamentales de toute vie sociale : on peut donc trouver au journalisme des équivalences dans les civilisations qui ont ignoré l'imprimerie. La curiosité du public a toujours suscité la vocation de conteurs d'histoires qui, des aèdes grecs aux trouvères du Moyen Âge et aux griots africains, remplissaient une fonction de communication et souvent aussi d'information. Le souci de conserver le récit des grands événements ou de décrire les mondes étrangers, d'Homère aux chroniqueurs de la fin du Moyen Âge, d'Hérodote à Marco Polo, a donné naissance à des œuvres qui, *mutatis mutandis,* s'apparentent à nos reportages. Pour les besoins de leur administration, les grands comme les petits empires de l'Antiquité ou du Moyen Âge, avaient créé des réseaux de collecte et de diffusion d'informations, dont les messagers transmettaient, oralement ou par écrit, des nouvelles qui pouvaient ensuite être portées à la connaissance d'un public plus ou moins élargi par les voies les plus diverses, du crieur public au placard-affiche. Dans toutes les civilisations qui ont connu l'écriture, en marge des réseaux « officiels », les correspondances

5

privées constituaient, pour les communautés organisées, pour les hommes d'affaires et pour les membres des classes dirigeantes, une source périodique de nouvelles qui débordaient le cadre étroit des relations personnelles ou professionnelles.

II. — Les origines immédiates du journal

S'il est possible de retrouver dans chaque type de civilisation et dans toutes les sociétés organisées des « ancêtres » du journal et des journalistes[1], il serait déraisonnable de s'attacher à des antécédences aussi lointaines et à des similitudes aussi vagues pour expliquer la naissance de la presse périodique dont les origines immédiates sont plus précises.

1. **Les nouveaux besoins d'information.** — À partir du XVe siècle une série de facteurs politiques, économiques et intellectuels conjuguèrent leurs effets pour accroître notablement la soif de nouvelles en Occident. La Renaissance, puis la Réforme multiplièrent les curiosités. Les grandes découvertes élargirent l'horizon européen. Les progrès des échanges bancaires et commerciaux entraînaient un développement parallèle des échanges d'informations. Les nouveaux États modernes exigeaient, pour leur administration, la création de nouveaux réseaux d'information. Les grands conflits qui déchirèrent l'Occident au XVIe siècle nourrissaient des courants et des besoins d'informations.

1. Rome, à côté des *Acta publica,* sortes de publication des comptes rendus des séances du Sénat, connut, dès la fin de la République, des *Acta diurna,* véritables feuilles de nouvelles et d'échos de la vie romaine, recopiées par des officines spécialisées et répandues dans les classes riches. Les *actuarii,* qui les rédigeaient, étaient de véritables nouvellistes.
La Chine connut dès la fin du IXe siècle un journal à la Cour de Pékin, *Kin Pau,* mensuel puis hebdomadaire à partir de 1361 et quotidien en 1830.

2. **La création des postes modernes.** — La création des grands États modernes assurait une sécurité et une régularité plus grandes dans les communications. Les premiers services postaux d'État se mettaient en place : en France, sous Louis XI en 1464 ; en Angleterre, sous Edouard IV en 1478 ; dans l'Empire, sous Maximilien en 1502 avec Franz von Taxis.

3. **La naissance de l'imprimerie.** — En mettant au point, à Strasbourg puis à Mayence, entre 1438 et 1454, la typographie, qui se répandit assez rapidement dans la seconde moitié du XVe siècle, Gutenberg permit la rapide duplication d'un même texte et offrit à l'écrit les chances d'une diffusion que le manuscrit ne possédait pas. La presse périodique imprimée ne naquit pourtant que plus d'un siècle et demi après l'invention de l'imprimerie. Elle fut précédée par une véritable floraison d'écrits d'information de types très divers.

4. **Les nouvelles manuscrites.** — Dès le XIVe siècle au moins, les nouvelles étaient devenues une véritable marchandise et des *nouvellistes* (*menanti* en Italie) organisèrent pour des princes ou des marchands des services réguliers de correspondances manuscrites. Ces *nouvelles à la main,* auxquelles on donnait souvent le nom italien d'*avvisi* car Venise, grand carrefour commercial, était un très important centre de diffusion de ces écrits, ont laissé des traces dans toute l'Europe. Elles prirent un essor considérable au XVIe siècle.

5. **Les feuilles volantes imprimées :** *les occasionnels.* — Dès la fin du XVe siècle, les imprimeurs éditèrent sous forme de petits cahiers de 4, 8 ou 16 pages, parfois illustrés de gravures sur bois, des feuilles de nouvelles racontant un événement important : bataille, funérailles princières, fêtes, etc., ou reproduisant le texte de quelque *avviso.* Ces feuilles dites *relationes* en

latin, *occasionnels* en France, *zeitungen* en Allemagne, *gazzetas* ou *corantas* en Italie, étaient vendues en librairie ou par colportage dans les grandes villes.

Les canards. — Nés plus tardivement, ils représentent un type nouveau de feuille volante. N'ayant avec l'actualité que des rapports diffus, ils faisaient le récit de faits surnaturels, de crimes, de catastrophes et de tous les événements extraordinaires. Le plus ancien connu en France date de 1529.

Les libelles. — Dès le début du XVIe siècle, la Réforme, puis la Contre-Réforme, suscitèrent la publication d'une masse de feuilles volantes qui entretenaient les polémiques religieuses puis politiques. Ces *libelles, placards, chansons...* suscitèrent dans tous les États européens un durcissement de la législation répressive et de la censure des imprimés. À côté de la censure ecclésiastique traditionnelle, les pouvoirs civils installèrent leurs propres censeurs en Allemagne en 1524, en France en 1537, en Angleterre en 1586 et lors des guerres de religion les poursuites contre les éditeurs ou les diffuseurs de ces feuilles se multiplièrent.

Ces trois types de feuilles volantes illustraient ainsi, dès l'origine, les trois principales fonctions du journalisme : l'information de grande actualité, le récit de la petite actualité des faits divers, l'expression des opinions.

6. **Les premiers imprimés périodiques.** — Ce furent les *almanachs,* dérivés eux-mêmes des premiers calendriers imprimés à Mayence dès 1456 (?) Le premier almanach français connu date de 1486. En Allemagne naquirent aussi les premières *chronologies* recensions, rétrospectives annuelles ou semestrielles des principaux événements : ce furent les *Messrelationen* de Michael von Aitzing, publiées à Francfort-sur-le-Main à l'occasion des deux foires annuelles dès 1588.

En France, Palma de Cayet publia les *Chronologies novennaires* (1589-1598) puis *septennaires* (1598-1604) ; elles devinrent ensuite annuelles de 1611 à 1648 sous le titre de *Mercure françois*.

7. La longue survivance de ces formes primaires du journalisme. — La naissance des périodiques imprimés ne fit pas disparaître les écrits d'informations non périodiques. Les *nouvelles à la main* se développèrent au contraire aux XVIIe et XVIIIe siècles et les *nouvellistes* eurent, à côté des *gazetiers,* une importance considérable comme pourvoyeurs de nouvelles. Ils constituèrent, jusqu'en 1789 au moins, des réseaux d'informations qui complétaient utilement ceux de la presse imprimée. Leur importance politique ne saurait être négligée.

Quant aux feuilles volantes, *canards,* chansons et images, aux almanachs, aux brochures pieuses, aux multiples publications de tendances occultistes, elles nourrirent, jusqu'au milieu du XIXe siècle au moins, une « littérature de colportage » populaire qui, pour être mal connue, n'en a pas moins exercé sur la mentalité des classes populaires une influence souvent plus déterminante que celle de la presse. À la fin du XIXe siècle, la presse à bon marché a tué ces formes primaires de l'information : encore bien souvent le style du journalisme populaire s'est-il inspiré de celui des canards, dont les romans-feuilletons ont repris et les sujets et les thèmes.

III. — Les premières gazettes

Les conditions de la publication d'un périodique étaient donc réunies et les tentatives furent nombreuses. Les troubles de la guerre de Trente ans (1618-1648) stimulèrent le marché des gazettes. En février 1597, Samuel Dilbaum fit paraître à Augsbourg un mensuel dans le style des chronologies. À Anvers, l'imprimeur Abraham Verhoeve publia du 17 mai 1605 à 1607 un bimensuel de *Nieuwe Tijdinghen* (*Les Nouvelles d'Anvers*) qui reparurent ensuite irrégulièrement. En 1605, un hebdomadaire vit le jour à Strasbourg ; un autre à Wolfenbüttel en 1609 ; puis, dans les années suivantes, à Bâle (1610), à Francfort (1615), à Berlin (1617), à Hambourg (1618), à Stuttgart et à Prague (1619), à Cologne (1620), à Amsterdam en 1620 (peut-être précédée d'une tentative en 1609)... À Londres, où avaient, en 1620, commencé à circuler des feuilles hollandaises, le premier *current* fut lancé en 1622, le *Weekely Newes from Italy, Germany, Hungaria, Bohemia, the Palatinate, France and the Low countries* par Thomas Archer. En Italie, les premières gazettes périodiques parurent à Florence en 1636, à Rome en 1640 et à Stockholm en 1644 ; à Madrid la *Gaceta* date de 1661 ; Pierre le Grand créa la première feuille russe à Saint-Pétersbourg en 1703.

IV. — Théophraste Renaudot et sa « Gazette »

En France, la *Gazette* de Théophraste Renaudot, née en 1631, soutenue par le pouvoir royal, absorba très vite les *Nouvelles ordinaires de divers endroits* du libraire Vendosme nées la même année.

Théophraste Renaudot né en 1586 à Loudun, protestant converti, docteur en médecine de la Faculté de Montpellier, installé à Paris de 1606 à 1612, fut, à cette époque, le protégé de Marie de Médicis. Il fit en 1618 un long voyage aux Pays-Bas où il put étudier les premiers journaux. Rentré en France, il fut nommé « commissaire général aux pauvres du Royaume ». Cet homme à l'intelligence très vive fut une des personnalités les plus extraordinaires de son temps. Il s'intéressa à toutes sortes de projets et son « Bureau d'adresse et de rencontre » créé en 1629 « à l'enseigne du Grand-Coq, rue de la Calandre, près du Palais » dans l'île de la Cité devint le centre d'activités les plus disparates. On y enregistrait ce que nous appellerions les « petites annonces » (achat, vente, offre de services divers, demande et offre d'emplois) et il fonctionnait comme un vaste bureau de placement à vocation philanthropique. Il y adjoignit une sorte de dispensaire gratuit pour les indigents mais y organisa aussi des conférences sur les sujets les plus divers. Toutes ses activités lui créèrent bien des ennemis, de la faculté de médecine à la confrérie des libraires. De 1630 à sa mort en 1653, il eut à vaincre bien des hostilités

et subit bien des polémiques. De ces « innocentes inventions »,
seule survécut la *Gazette* que le pouvoir royal, de Richelieu à
Mazarin, soutenait pour les services qu'elle rendait à la propagande de leur gouvernement.

Dès octobre 1631, il obtint pour sa *Gazette* un privilège
confirmé en 1635 qui lui assurait le « droit de faire imprimer et
vendre par qui bon lui semblera, les gazettes nouvelles et récits
de tout ce qui s'est passé et passe tant dedans que dehors le
royaume, conférences, prix courants des marchandises et autres
impressions desdits bureaux (d'adresse) à perpétuité, et tant
que lesdites gazettes nouvelles... auront cours en ce dit
royaume, et ce exclusivement à toutes autres personnes ».

La *Gazette,* hebdomadaire de quatre pages
(23×15 cm) tira à 1 200 exemplaires dès 1638. Elle eut
huit pages en 1642. Après l'absorption du périodique
de Vendosme, elle fut complétée à partir de
novembre 1631 par les *Nouvelles ordinaires,* hebdomadaire de quatre pages, qui ne disparurent
qu'en 1683 : la *Gazette* passa alors à douze pages. Ces
publications étaient l'organe très officieux de la Cour
et publiaient exclusivement des nouvelles, surtout de
l'étranger. De février 1632 à décembre 1633, Renaudot se risqua au journalisme d'analyse et de commentaire dans son supplément mensuel *Relations des nouvelles du monde* ; il dut y renoncer et publia, à la
place, des *Extraordinaires,* sorte d'occasionnels, à
périodicité variable, sur des événements particuliers :
ces suppléments, très nombreux jusqu'en 1670,
offraient une matière imprimée souvent supérieure à
celle des *Gazettes.*

À partir de 1632, Renaudot publia aussi une
Feuille du bureau d'adresse, feuille d'annonces épiso-
dique et éphémère, ancêtre de celles qui se développèrent, à partir du milieu du XVIIIe siècle.

Sous la Fronde, les feuilles de Renaudot défendi-
rent la cause de Mazarin : les libelles fleurirent alors
(plus de 4 000 mazarinades) et le *Courrier français*
frondeur tenta de concurrencer la *Gazette* royale.

Tous les ans Renaudot reliait en volume ses différentes publications : les préfaces qu'il rédigeait restent, de nos jours encore, parmi les textes les plus lucides qui aient été écrits sur les grandeurs et les difficultés du journalisme.

« L'histoire est le récit des choses advenues : la gazette seulement le bruit qui en court... elle ne ment pas, même quand elle rapporte quelque fausse nouvelle qui lui a été donnée pour véritable. Il n'y a donc que le seul mensonge qu'elle controuveroit à dessein qui la puisse rendre digne de blâme... »

« Seulement ferai-je une prière aux princes et aux États estrangers de ne perdre point inutilement le temps à vouloir fermer le passage à mes Nouvelles dont le commerce ne s'est jamais peu défendre et qui tient en cela de la nature des torrents qu'il se grossit par la résistance... »

« Je ne vous donne pas ici une Histoire accomplie de toutes les conditions requises à sa perfection mais de l'étoffe pour en faire, où par conséquent vous devez attendre moins d'art que de naïveté... »

« En une seule chose ne céderai-je à personne, en la recherche de la vérité : de laquelle néanmoins je ne me fais pas garant. Étant malaisé qu'entre cinq cents nouvelles écrites à la hâte d'un climat à l'autre, il n'en échappe quelqu'une à nos correspondants qui mérite d'être corrigée par son père le temps. Mais encore se trouvera-t-il peut-être des personnes curieuses de savoir qu'en ce temps tel bruit était tenu pour véritable... »

« Si la crainte de déplaire à leur siècle a empêché les bons auteurs de toucher à l'histoire de leur âge, quelle doit être la difficulté d'écrire celle de la semaine, voire du jour même où elle est publiée. Joignez-y la brièveté du temps que l'impatience de votre humeur me donne, et je suis bien trompé si les plus rudes censeurs ne trouvent digne de quelque excuse un ouvrage qui se doit faire en quatre heures de jour que la venue des courriers me laisse, toutes les semaines, pour assembler, ajuster et imprimer ces lignes. »

Chapitre II

**LES PROGRÈS
ET LA DIVERSIFICATION
DE LA PRESSE
AUX XVIIᵉ ET XVIIIᵉ SIÈCLES**

Les progrès de la presse furent notablement freinés par la sévérité du contrôle politique : ils n'en furent pas moins considérables. D'abord sur le plan du contenu : alors que les petites gazettes des débuts du XVIIᵉ siècle ne publiaient que de sèches nouvelles, les feuilles publièrent, dès le milieu du siècle, des articles de commentaires et étendirent leur champ d'information à tous les aspects de la vie sociale et culturelle. Ensuite, et malgré le régime du privilège, les publications se multiplièrent en se spécialisant d'abord, en se concurrençant ensuite. Enfin, la presse acquit, malgré les censures, une puissance politique, variable selon les États ; à l'avant-garde des idées libérales, elle allait mener la lutte pour sa propre liberté.

Pourtant, malgré l'enrichissement de son contenu et l'accroissement quantitatif considérable de son audience, la presse n'avait pas encore, à la fin du XVIIIᵉ siècle, acquis, même dans les pays les plus évolués, comme l'Angleterre ou la France, la considération à laquelle son importance nouvelle lui aurait donné droit. L'instrument privilégié de l'expression des idées restait le livre ou la brochure : la presse, reflet du monde, était encore passive ; elle rendait compte sans vraiment remettre en cause, laissant à la littérature traditionnelle le soin de mener les combats. Le *gazetier* reste, au XVIIIe siècle, un personnage méprisé et le journalisme apparaît aux yeux de l'élite sociale et intellectuelle comme une sous-littérature sans valeur ni prestige. C'est ce qu'exprimait Rousseau en 1755 :

> « Qu'est-ce qu'un livre périodique ? Un ouvrage éphémère sans mérite et sans utilité dont la lecture négligée et méprisée des gens lettrés ne sert qu'à donner aux femmes et aux sots de la vanité sans instruction. »

Et plus tard Diderot lui-même, dans l'*Encyclopédie* :

> « Tous ces papiers sont la pâture des ignorants, la ressource de ceux qui veulent parler et juger sans lire, le fléau et le dégoût de ceux qui travaillent. Ils n'ont jamais fait produire une bonne ligne à un bon esprit, ni empêché un mauvais auteur de faire un mauvais ouvrage. »

Pour Voltaire, les gazettes n'étaient que le « récit des bagatelles ».

Il fallut attendre l'accélération de la marche du monde, et tout particulièrement les périodes révolutionnaires, pour que l'importance des événements d'une actualité précipitée et l'intense curiosité qu'ils faisaient naître dans un public de plus en plus vaste donnent enfin à la presse la possibilité de conquérir, dans la vie sociale comme dans le jeu des forces politiques, sa place, au premier rang. Dès le XVIIIe siècle, les guerres, par l'intérêt que suscitaient les opérations militaires, provoquèrent un accroissement notable des tirages. Selon les pays, l'évolution fut naturellement différente ; rapide en Angleterre, lente puis précipitée en France, lente en Europe centrale et méridionale.

I. — La presse anglaise :
la conquête du quatrième pouvoir
(1621-1791)

La vie de la presse anglaise jusqu'à la fin du XVIIIe siècle fut tumultueuse, en contraste avec la stabilité de la presse continentale. Engagée dès le XVIIe siècle dans la lutte politique, elle mérita d'être appelée par Burke en 1787 le *quatrième pouvoir*. Stimulés par la concurrence et un climat de relative liberté, ses journaux furent plus variés et plus riches de contenu que ceux de la France. Ils étaient soutenus par le très vif intérêt pris, pendant ces périodes troublées, par leurs lecteurs pour les nouvelles politiques et les débats parlementaires.

De 1621 à 1662 la presse anglaise vécut en fait sous le régime du monopole compliqué par l'instabilité politique liée à la guerre civile. Les feuilles autorisées eurent toutes une vie difficile et brève. Sous les Tudor et les premiers Stuart, elles ne purent publier que des nouvelles officielles du royaume et, de 1632 à 1641, il leur fut même interdit de donner des nouvelles de l'étranger. Un contrôle sévère de la presse fut instauré par le Parlement et justifia la parution en 1644 de l'*Aeropagitica* de Milton, violente défense de la liberté de la presse mais qui concernait plus les livres que les journaux.

La restauration de la monarchie en 1660 durcit encore le régime de la presse. En 1662, il fut interdit de publier des comptes rendus des séances du Parlement et le *licensing act* renforça le système de l'autorisation préalable et la censure. Ce n'est qu'en 1695, six ans après la Révolution de 1688, que le *licensing act* cessa d'être en vigueur. Pendant un siècle, la presse anglaise allait jouir d'une liberté relative et jouer un rôle déterminant dans la lutte entre les whigs et les tories. L'indépendance des journaux était cependant limitée : ils restaient soumis à des poursuites très nombreuses et la corruption fut souvent employée par les gouvernements. Aussi bien, dès 1712, effrayé par les progrès de la presse, le Parlement la soumit-il à des droits de timbre très lourds qui pesaient sur chaque exemplaire et sur les annonces : cette mesure n'empêcha pas cependant le tirage global de la presse d'augmenter de 8 fois de 1712 à 1757. Après plus d'un demi-siècle de luttes et de poursuites contre les journalistes, le Parlement autorisa, en 1771, les journaux à rendre compte de ses séances. Le *libel act,* voté en 1792, précisa les conditions dans lesquelles les journalistes pourraient être poursuivis devant le jury. Loi d'apparence libérale, elle marqua au contraire, en fait, un durcissement de la pression gouvernementale sur les journaux.

La vigueur de la presse anglaise rend difficile la présentation de ses titres car beaucoup, et des plus célèbres, furent éphémères surtout parmi les feuilles les plus engagées politiquement. Le premier grand journal à avoir réussi à durer, puisque, encore de nos jours, il paraît comme une sorte de *Journal officiel* anglais, fut la *London Gazette,* né à Oxford pendant la peste de 1665. Ce fut une feuille officieuse sans grand relief. En 1702, naquit le *Daily Courant,* le premier véritable quotidien du monde qui se maintint jusqu'en 1735. Comme beaucoup de feuilles de l'époque, il n'était, les premiers temps, imprimé qu'au recto de son unique page. Le *Daily Advertiser,* fondé en 1730, à l'origine simple journal d'annonces, devint vite le plus grand journal de Londres ; il illustrait la place déterminante que la publicité avait prise dans la prospérité de la presse anglaise. Le *Gentleman's Magazine,* revue mensuelle de 42 pages au contenu varié, de la littérature à la politique, fut lancée avec succès en 1731.

Mais les feuilles les plus brillantes furent celles qu'illustra le talent de grands pamphlétaires. Daniel Defoe édita seul, de 1704 à 1713 sa *Revue,* bi- puis trihebdomadaire. Le journal comportait peu de nouvelles et était, pour l'essentiel, rempli par un long article politique souvent polémique. Son exemple servit à Steele et Addison pour leur *Tatler (babillard)* trihebdomadaire qui parut de 1709 à 1711, puis pour le *Spectator,* quotidien qui fut tué par le timbre en 1712 ; cette feuille originale traitait peu de politique : elle tira jusqu'à plus de 20 000 exemplaires et offre un modèle du journalisme de réflexion. Wilkes se rendit célèbre par son *North Briton* ; ses virulentes polémiques en 1762 avec le Parlement le conduisirent en prison puis temporairement en exil. Un des épisodes les plus célèbres de l'histoire de la presse anglaise fut la publication dans le *Public Advertiser* des fameuses lettres pamphlets du mystérieux Junius de 1769 à 1772. Daniel Defoe publia son *Robinson Crusoë* en feuilleton dans *The Daily Post* en 1719 : c'est le premier roman-feuilleton.

En province la presse commença à se développer vers la fin du XVIIᵉ siècle. Le premier titre fut, en 1690, *The Worcester Postman.*

II. — Les débuts de la presse aux États-Unis (1690-1830)

La première feuille américaine, *The Public Occurrences,* parue le 25 septembre 1690 à Boston, n'eut qu'un seul numéro. La seconde, *The Boston News Letter,* créée en 1704 par le maître de poste John Cambell, vécut peu. La première feuille vraiment originale fut la *Pennsylvania Gazette* lancée en 1728 par Benjamin Franklin à Philadelphie. La plupart des feuilles américaines copiaient celles de l'Angleterre, mais la faiblesse de leurs tirages, la sévérité du contrôle des autorités anglaises les condamnaient à une vie médiocre ; elles étaient 34 en 1775 et 43 en 1782. Deux jouèrent dans le déclenchement de la révolte, en 1776, un rôle important : la *Boston Gazette* de Sam Adams et surtout le *Pennsylvania Magazine* de Thomas Paine. Une fois la victoire assurée, parurent les premiers quotidiens, le *Pennsylvania Packet* et l'*American Daily Advertiser.* Le développement de la presse restait limité par la faible densité de la population et donc la médiocrité de ses tirages. Sa liberté était certes garantie par le premier amendement à la Constitution, voté en 1791 : « Le Congrès ne fera aucune loi restreignant la liberté de parole ou de presse », mais les journaux restaient soumis à de graves poursuites que la violence des oppositions politiques multipliait et que justifiait peut-être la grossièreté des attaques personnelles. Il fallut attendre 1830 pour voir se dessiner un renouveau dans la presse américaine et s'amorcer son extraordinaire développement.

III. — La presse française : un développement lent mais harmonieux (1653-1788)

La presse de l'Ancien Régime vécut par le système du privilège sous le régime de l'autorisation préalable. Les autorités purent ainsi diriger son développement ; leur action était relayée par une organisation corporative et une réglementation minutieuse de tous les métiers de l'imprimerie et de la librairie. Un des effets de ce contrôle fut d'assurer aux journaux autorisés, au moins jusqu'au milieu du XVIIIe siècle, une remarquable stabilité en réduisant la concurrence. Quant aux multiples censures qui s'exerçaient sur les journaux, elles furent souvent peu efficaces mais limitèrent pourtant largement la liberté des journalistes en leur interdisant en fait de traiter des sujets politiques d'actualité[1] : seules les feuilles officielles pouvaient en

---

1. Beaumarchais a stigmatisé dans le *Mariage de Figaro* avec beaucoup de verve ce régime de contrôle tatillon : « Pourvu que je ne parle dans mes écrits ni de l'autorité, ni du culte, ni de la politique, ni des gens en place, ni des corps en crédit, ni de l'Opéra, ni des autres spectacles, ni de personne qui tienne à quelque chose, je puis tout imprimer librement sous l'inspection de deux ou trois censeurs. Pour profiter de cette douce liberté, j'annonce un écrit périodique et croyant n'aller sur les brisées de personne, je l'appelle le *Journal inutile*. Pou-ou ! Je vois s'élever contre moi mille pauvres diables à la feuille ; on me supprime et me voilà derechef sans emploi. »

parler, et naturellement avec prudence. Par comparaison avec les feuilles anglaises, les journaux français furent donc en général beaucoup plus littéraires : ils apportaient à leurs lecteurs moins de nouvelles. Ce caractère que la presse française prit ainsi dès ses origines, eut une grande influence sur son développement futur. Par une sorte de compensation naturelle à la relative médiocrité de la presse d'information, les nouvellistes eurent, dans la France de l'Ancien Régime, une importance considérable à Paris, et ce milieu si curieux, où les espions côtoyaient des informateurs de grande classe, inondait la France de multiples *nouvelles à la main.* Olivier Métra, Cabaud de Rambaud, Grimm, Bachaumont, Mme Doublet, donnèrent à cette profession ses lettres de noblesse.

1. **La presse officielle.** — Trois titres dominèrent la presse de cette période : la *Gazette,* le *Journal des Savants* et *Le Mercure.*

La *Gazette* resta entre les mains des successeurs de Renaudot jusqu'en 1749 puis fut finalement annexée en 1762 par Choiseul au ministère des Affaires étrangères et prit le titre de *Gazette de France.* Elle devint alors bihebdomadaire. Le poids croissant du contrôle gouvernemental à partir de 1660, l'effet de la concurrence des nouvelles à la main et des feuilles hollandaises mais aussi celle des suppléments *extraordinaires* du *Mercure,* réduisirent sa prospérité à la fin du XVIIᵉ siècle. Son tirage, y compris celui de ses rééditions provinciales, passa de quelque 4 500 en 1670 à 7 500 en 1749, en 1788 il était retombé à 6 250 exemplaires. Les périodes de guerre stimulaient fortement sa diffusion : au plus fort de la guerre d'indépendance américaine elle tira à 12 000 exemplaires.

À la fin de 1786, Panckoucke prit son exploitation à bail. Jusqu'à la Révolution, la *Gazette* conserva le monopole des informations politiques de l'étranger comme du royaume.

Le *Journal des Savants* naquit en 1665 sous le patronage de Colbert. Son fondateur, Denis de Sallo, en fut rapidement chassé. Sous divers directeurs, il continua sa carrière jusqu'à nos jours où il paraît sous le patronage de l'Académie des sciences. Il se donnait pour but essentiel de rendre compte des ouvrages parus en France ou à l'étranger. Cette publication bibliographique répondait à un véritable besoin et son succès fut considérable. Il servit à travers l'Europe de modèle à toute une série de publications comparables ; malgré son titre il s'intéressait surtout aux ouvrages non scientifiques. Hebdomadaire à l'origine, il devint mensuel en 1724.

Le *Mercure galant* fut lancé en 1672 par Donneau de Vizé comme un journal d'échos et de variétés. Il devint vite une feuille essentiellement littéraire. Sa formule très variée était originale et il fut lui aussi souvent imité en Europe. Sa direction changea très souvent. Il devint, en 1724, *Mercure de France* sous le patronage du ministère des Affaires étrangères. Il fut en 1778 repris par Joseph Panckoucke qui, en lui adjoignant une partie politique, porta sa diffusion à plus de 15 000 en 1786 : cet éditeur devint en quelques années un véritable entrepreneur de presse : il poursuivit sa carrière dans les premières années de la Révolution.

2. **La floraison des nouveaux périodiques au XVIIIe siècle.** — Si l'on excepte quelques feuilles légères du type de la *Muse historique* ou *Gazette burlesque* en vers de Loret (1660-1665), le monopole des trois grands titres fut respecté au XVIIe siècle, mais dès la fin du règne de Louis XIV, la curiosité du public suscita de multiples créations de feuilles que le pouvoir autorisait pour les mieux contrôler, quitte à les rappeler sévèrement à l'ordre lorsqu'elles soulevaient la mauvaise humeur de quelque grand, ou concurrençaient trop gravement le monopole des feuilles officielles.

En dehors des journaux spéciaux, comme le *Journal des Dames,* le *Journal de Médecine,* le *Journal du Commerce,* le *Journal du Palais...,* dont la parution était un précieux indice de la diversification des fonctions de la presse écrite, la plupart des feuilles nouvelles s'inspiraient de la formule du *Journal des Savants* ou de celle du *Mercure.* Cette presse de réflexion, destinée à un public cultivé, apporte un très précieux témoignage sur l'exceptionnelle richesse de la pensée du « Siècle des lumières » et les nombreuses controverses entre les « philosophes » et leurs adversaires. De cette masse de publications, à la vie souvent éphémère, se distinguent les *Mémoires de Trévoux* (1701-1762), organe inspiré par les Jésuites ; *Les Nouvelles ecclésiastiques* (1728-1803) de tendance janséniste, plus ou moins clandestines ; *Le Pour et Contre* de l'abbé Prévost, l'auteur de *Manon*

(1733-1740) ; le *Journal encyclopédique* de Pierre Rousseau, paraissant à Liège mais diffusé surtout en France (1756-1793) ; parmi les feuilles « antiphilosophiques », celles de l'abbé Desfontaines, *Le Nouvelliste du Parnasse* (1730-1743), et de l'abbé Fréron, *L'Année littéraire* (paraissant tous les dix jours) (1754-1776). Il est caractéristique que les plus célèbres « philosophes », de Voltaire à Rousseau, de Diderot à d'Alembert, n'écrivirent jamais dans ces journaux.

3. **Les premiers quotidiens français.** — Ce n'est que le 1er janvier 1777 que parut le premier quotidien français, le *Journal de Paris*. Son succès fut long à se dessiner tant la chose était nouvelle et tant, pris entre le privilège de la *Gazette* et celui des autres feuilles, il lui était difficile de publier des informations originales. En 1778, il eut à subir la concurrence du *Journal général de France,* suite quotidienne de la feuille d'annonces de Renaudot. En 1789, ces quotidiens parisiens ne pouvaient, ni par leur contenu, ni par leur audience, se comparer aux quotidiens londoniens.

4. **Les « gazettes de Hollande ».** — L'importance de la presse française des XVIIe et XVIIIe siècles ne peut se mesurer à celle des seuls journaux français. Sans parler des multiples publications allemandes éditées en français, langue des Cours européennes, de nombreuses feuilles furent publiées par des Français exilés : ces feuilles souvent d'opposition politique entretenaient cette guerre de plume qui doubla, de la révocation de l'édit de Nantes en 1685 à 1815, les guerres de la Monarchie, de la République et de l'Empire français, et où la presse périodique joua un rôle important entre les *libelles* et les *nouvelles à la main*. La plupart de ces gazettes étaient imprimées en Hollande où elles jouissaient d'une liberté refusée aux publications indigènes. On leur donnait le nom générique de *Gazettes de Hollande* : la plus importante fut la *Gazette de Leyde*. Si l'on excepte quelques épisodiques poursuites, elles se diffusaient sans difficulté en France, par la poste. La plus célèbre de ces feuilles fut *Les Nouvelles de la République des Lettres* publiée à Amsterdam par Pierre Bayle de 1684 à 1687 : elle avait adopté la formule du *Journal des Savants* : elle eut de nombreux successeurs.

5. **Les débuts de la presse en province.** — Les privilèges des journaux nationaux interdisaient en fait l'existence de périodiques en province. Renaudot et ses successeurs autorisèrent des

imprimeurs à réimprimer les *gazettes* : on compta 38 de ces rééditions de 1631 à 1752, dont certaines contenaient quelques nouvelles ou annonces locales originales. Le *Mercure* fut aussi réimprimé en province. Dans la seconde moitié du XVIII° siècle, le privilège des *Affiches* parisiennes commença à être rétrocédé à des éditeurs provinciaux. Les *Affiches* furent donc les premiers véritables périodiques provinciaux : les premières furent éditées à Strasbourg en 1731 ; les secondes à Lyon en 1750. Elles s'inspiraient du modèle des *Intelligenzblättern* allemandes. On en comptait 44 en 1788. Essentiellement consacrées à la publication d'annonces publicitaires, elles avaient parfois des rubriques d'informations locales ou littéraires. Certaines de ces *Affiches, annonces et avis divers* prirent le titre plus noble de *Journal*.

IV. — La presse allemande : le poids écrasant des censures (1610-1792)

Les guerres de la première moitié du XVII° favorisèrent peu le développement des *gazettes*. Dans un pays où les ateliers d'imprimerie étaient très nombreux, les partis en lutte utilisèrent plus volontiers pour leur propagande les libelles et autres feuilles volantes que les journaux. La paix retrouvée en 1648 permit bien la création de nombreuses feuilles périodiques dans la plupart des petits et grands États de l'Empire : on comptait 57 titres en 1701, 138 en 1780, 182 en 1788 et 200 en 1800. Soumis à un très sévère régime d'autorisation et de censure – tout particulièrement en Prusse sous Frédéric II – et à l'arbitraire des décisions de l'autorité, ces journaux menèrent une vie difficile et leur contenu présentait peu d'intérêt, sauf dans les villes libres où leur liberté était plus grande.

Certaines de ces feuilles eurent pourtant une longue existence comme la *Magdeburgische Zeitung* (1664) ou la *Berlinischen... Zeitung* (dite *Vossische Zeitung,* du nom de son éditeur) née en 1722, auquel Lessing collabora de 1751 à 1755, ou son concurrent les... *Berliner Nachrichten* (dit *Spenersche Zeitung*) fondé en 1740, la *Kölnische Zeitung* lancée en 1763, ou bien obtinrent un succès relatif comme le *Frankfurter Journal* qui tirait à 1 500 exemplaires en 1680 et, en 1789, le *Hamburgischer*

Correspondent qui diffusait 10 000 exemplaires, 56 000 en 1808. Le premier quotidien au monde fut publié à Leipzig de 1650 à 1652 : *Einkommende Zeitung* ; il fut suivi de 1660 à 1668 par *Neueinlauffende Nachricht.*

Les périodiques d'intérêt national eurent ainsi une vie difficile entre les censures et les obstacles que la division politique mettait à leur diffusion. À l'exemple du *Journal des Savants,* parut, en latin, à Leipzig en 1682 les *Acta eruditorum* ; l'essai des *Monatsgespräche* de Christian Thomasius en 1688 fut de courte durée mais cette revue littéraire et philosophique eut une descendance très nombreuse. Au XVIIIᵉ siècle, de nombreuses revues de ce type tentèrent leur chance. Les *Intelligenzblättern,* simples feuilles d'annonces, eurent une vogue très grande : la première fut lancée à Francfort en 1722. Elles comportèrent très vite des articles de vulgarisation ou de conseils qui contribuèrent à la diffusion des Lumières.

Dans l'empire des Habsbourg, le contrôle des journaux fut encore plus sévère. Les feuilles y furent plus rares et plus tardives qu'en Allemagne. En 1781, Joseph II accorda à cette presse une liberté considérable : cette décision entraîna une floraison de journaux auxquels l'établissement, en 1782, du droit de timbre porta un premier coup en attendant que son élévation en 1789, puis le rétablissement de la censure en 1791 ne les contraignent à disparaître ou à mener une vie médiocre.

Chapitre III

LA PRESSE FRANÇAISE
SOUS LA RÉVOLUTION
ET L'EMPIRE (1789-1815)

La Révolution française marque une étape fondamentale dans l'histoire de la presse. Si elle n'eut que
des effets indirects sur la vie des journaux des pays
étrangers – encore que la secousse révolutionnaire et
la politique impériale aient bouleversé la presse de
toute l'Europe occidentale, l'Angleterre exceptée –, la
Révolution a, pour la première fois, défini, et mis un
temps en pratique, les grands principes de la liberté
de la presse qui allaient, pendant tout le XIXᵉ siècle,
servir de programme aux revendications des journalistes dans le monde entier. Encore de nos jours,
l'article XI de la Déclaration des droits de l'homme
du 26 août 1789 :

« La libre communication de la pensée et des opinions est
un des droits les plus précieux de l'homme : tout citoyen peut
donc parler, écrire, imprimer librement, sauf à répondre de
l'abus de cette liberté dans les cas déterminés par la loi »,

reste la proclamation la plus éclatante du principe de
la liberté. Dans le même temps, la suppression du système corporatif levait toutes les entraves au fonction-
nement des entreprises et à l'exercice des professions.
La période révolutionnaire a donné à la presse une
impulsion extraordinaire à la mesure de l'intense
curiosité que les formidables événements qu'elle pro-

voquait suscitaient dans le public : de 1789 à 1800, il parut plus de 1 500 titres nouveaux soit, pour onze ans, deux fois plus que pour les cent cinquante années précédentes. Elle a surtout révélé sa puissance politique dans un pays où les journaux n'avaient joué jusqu'alors qu'un rôle secondaire. Les persécutions dont furent victimes les journaux après le 10 août 1792 et la sévère surveillance à laquelle les soumit l'Empire furent la preuve que la presse était désormais devenue un redoutable danger pour les pouvoirs autoritaires.

À l'image des événements de la période, la vie de la presse fut très agitée.

I. — **La conquête de la liberté :**
été 1788 - été 1789

L'annonce de la convocation des états généraux provoqua dès juillet 1788 une extraordinaire floraison de libelles et de brochures qui influencèrent la rédaction des *Cahiers de doléances.* Les autorités avaient dû céder à la pression de l'opinion et autoriser leur publication ; elles tentèrent cependant d'interdire la parution de nouveaux journaux, mais il fallut finalement qu'elles s'inclinent le 19 mai 1789 ; en quelques semaines, tout le système de contrôle de la presse de l'Ancien Régime s'effondra. Dans le prospectus du *Patriote français,* Brissot avait défini le rôle que les journaux devaient jouer désormais.

« Ce serait insulter la nation française que de lui démontrer longuement l'utilité et la nécessité de ce journal dans les circonstances actuelles. Il faut trouver un autre moyen que les brochures pour instruire tous les Français, sans cesse, à peu de frais, et sous une forme qui ne les fatigue pas. Ce moyen est un journal politique ou une gazette : c'est l'unique moyen d'instruction d'une nation nombreuse... peu accoutumée à lire et qui cherche à sortir de l'ignorance et de l'esclavage. Sans les gazettes la révolution de l'Amérique... ne se serait jamais faite... ce sont les gazettes qui conservent le peu de liberté qui reste en Angleterre. »

II. — Une nouvelle presse naît dans la liberté illimitée : été 1789 - 10 août 1792

On assista à une floraison extraordinaire de feuilles aux formules les plus variées, depuis le pamphlet périodique à parution irrégulière entièrement écrit par un seul homme, au véritable quotidien d'information qui était rédigé par une équipe déjà nombreuse, comportant des rubriques distinctes. Les formats variaient du petit in-16 tiré sur une presse à livre à l'in-folio de 33 × 24 cm mis en page sur 3 colonnes, et la pagination de 4 pages pour les quotidiens à parfois 80 pour les journaux-brochures à parution irrégulière. L'impression était peu coûteuse mais lente, ce qui explique le nombre relativement réduit des quotidiens. Toutes les tendances étaient représentées et la concurrence acharnée comme la vigueur des passions politiques donnèrent à beaucoup d'entre elles un ton d'une extrême violence et, parfois, car elles s'adressaient aussi à un public populaire, d'une surprenante grossièreté. La vie de la plupart de ces feuilles fut brève et sujette à de nombreux avatars. Les tirages sont mal connus. Certains hebdomadaires purent tirer à plus de 15 000 exemplaires.

1. **La presse quotidienne d'information.** — La *Gazette de France,* bihebdomadaire, contrôlée par la Cour, devint quotidienne en 1791, sous le titre de *Gazette nationale de France* : organe officiel du ministère des Affaires étrangères, elle poursuivit une carrière sans éclat, comme le *Journal de Paris.* Le *Journal des Débats et Décrets* et *Le Moniteur universel,* ce dernier lancé par Panckoucke, furent créés en 1789, ils surent, sans prendre de position trop engagée, traverser la tourmente révolutionnaire. Plusieurs autres quotidiens, plus engagés, ne survécurent pas au 10 août. Ces quotidiens, auxquels le compte rendu des débats des Assemblées et les textes administratifs fournissaient la part la plus importante de leur rédaction, furent, au sens moderne du terme, les premiers grands journaux d'information français.

2. **Les feuilles révolutionnaires.** — Dans la multitude des feuilles qui poussèrent avec plus ou moins de vigueur à l'accélération de la Révolution, ressortaient : *Le Courrier de Provence* de Mirabeau, *Le Patriote français* de Brissot, *Le Courrier de Paris* de Gorsas, *Les Révolutions de Paris* de Prud'homme, *Les Révolutions de France et de Brabant* de Camille Desmoulins ; parmi les plus violentes, *L'Ami du Peuple* de Marat et *Le Père Duchesne* d'Hébert dont la prose très classique était parsemée d'injures et de grossièretés. Ces feuilles, dont à Paris l'audience populaire était grande, conjuguèrent leur action à celle des clubs et sociétés populaires et eurent une bonne part de responsabilités dans le déclenchement des journées révolutionnaires.

3. **Les feuilles contre-révolutionnaires.** — La violence des feuilles royalistes ne le cédait en rien à celle du parti opposé. Parmi elles se distinguèrent le *Journal politique et national* puis *Les Actes des Apôtres* où collabora Rivarol, *Le Petit Gautier* de Gautier de Syonnet, *L'Ami du Roi* de l'abbé Royou, la *Gazette de Paris* de Durozoi, et le *Journal de M. Suleau*.

III. — La presse, première victime de la Terreur (août 1792 - juillet 1794)

Le 10 août avait brutalement supprimé la presse royaliste et le gouvernement révolutionnaire suspendit la liberté de la presse. Le sort de la Révolution, menacée par de formidables dangers, était en cause et la liberté d'expression incompatible avec l'exercice du pouvoir en une période de crise aussi grave. Toutes les feuilles d'opposition furent supprimées ou se sabordèrent. Successivement les journalistes girondins puis les enragés comme Hébert, et les modérés comme Desmoulins, furent exécutés. Le Comité de salut public ne put finalement compter que sur quelques feuilles comme le *Journal de la Montagne,* le *Journal des Hommes libres* ou sur les feuilles officieuses.

IV. — La lutte du pouvoir contre la presse (juillet 1794 - décembre 1799)

La faiblesse des régimes de la Convention thermidorienne et du Directoire, et la force des oppositions donnèrent à la lutte du pouvoir politique contre les journaux une importance considérable. Le régime de la presse ne cessa d'être remis en cause par des mesures arbitraires de suppression (en septembre 1797, 31 journaux supprimés ; en décembre 1797, 16 ; en août 1798, 15 ; en septembre 1799, 35), par le rétablissement de la censure et, en septembre 1797, par l'établissement du timbre. Les poursuites se multiplièrent contre les journalistes. Les subventions aux feuilles gouvernementales prirent une importance jamais encore atteinte. Malgré ces brimades, la presse restait très active. On comptait 70 feuilles politiques à Paris en 1796 et 73 en 1799.

Les feuilles gouvernementales comme *Le Moniteur universel* ou *Le Courrier de Paris* n'avaient qu'une audience restreinte. Les nouvelles feuilles royalistes et « muscadines » comme *La Quotidienne* de Michaud, ou *L'orateur du Peuple* de Fréron, *L'Éclair* des frères Bertin qui rachetèrent en 1799 le *Journal des Débats,* reparues après Thermidor, survécurent aux persécutions ainsi que les feuilles jacobines comme *L'Ami du Peuple,* titre repris par Lebois, le *Journal des Hommes libres* ; *Le Tribun du Peuple* de Gracchus Babeuf, paru en août 1793, disparut en mai 1797 avec l'exécution de son fondateur. Cette feuille, au programme déjà socialiste, fut une des plus originales de la Révolution.

V. — La presse de province sous la Révolution

La période révolutionnaire donna une forte impulsion à la presse de province. À côté des anciennes feuilles d'annonces qui se transformèrent en journaux d'opinion, naquirent dans presque chaque département des feuilles de tendances nettement marquées qui contribuèrent à mettre la province à l'heure de Paris. Après une période d'expansion rapide, la Terreur réduisit considérablement leur nombre ; elles se multiplièrent à nouveau sous le Directoire.

VI. — La remise en ordre de la presse après le 18 brumaire

Un des premiers soucis de Bonaparte après le coup d'État fut de soumettre la presse. Un décret du 27 nivôse an VIII (17 janvier 1800) ne laissa subsister à Paris que 13 journaux et rétablit l'autorisation préalable.

« Les Consuls de la République, considérant qu'une partie des journaux qui s'impriment dans le département de la Seine sont des instruments dans les mains des ennemis de la République ; que le gouvernement est chargé spécialement par le peuple français de veiller à sa sûreté, arrêtent ce qui suit (art. 1 : suppression de 60 journaux ; ... art. 3 : interdiction de créer de nouvelles feuilles...) ; art. 5 : seront supprimés sur-le-champ tous les journaux qui inséreront des articles contraires au respect du pacte social, à la souveraineté du peuple et à la gloire des armées, ou qui publieront des invectives contre les gouvernements et les nations amies ou alliées de la République... »

« L'épuration » fut étendue aux départements. La presse était désormais asservie.

VII. — La presse asservie sous le Consulat et l'Empire (1800-1814)

Napoléon avait une conscience très nette de l'importance de la presse. Il la lisait régulièrement, morigénait sans cesse les censeurs, inspirait des articles. La moindre critique le mettait en fureur :

« ... Réprimez un peu plus les journaux ; faites-y mettre de bons articles. Faites comprendre au rédacteur du *Journal des Débats* et du *Publiciste* que le temps n'est plus éloigné où, m'apercevant qu'ils ne me sont plus utiles, je les supprimerai avec tous les autres et n'en conserverai qu'un seul [...] Le temps de la Révolution est fini, et il n'y a plus en France qu'un seul parti, je ne souffrirai jamais que les journaux disent ni fassent rien contre mes intérêts » (lettre à Fouché, avril 1805).

Il fit taire les voix des opposants et s'efforça d'utiliser la puissance des journaux au service de sa propagande en France et à l'étranger.

« Chaque fois qu'il parviendra une nouvelle désagréable au gouvernement, elle ne doit pas être publiée jusqu'à ce qu'on soit tellement sûr de la vérité qu'on ne doive plus la dire parce qu'elle est connue de tout le monde » (à Fiévée, juin 1805).

L'efficacité de cette propagande était si grande que Metternich écrivait en juin 1808 : « Les gazettes valent à Napoléon une armée de 300 000 hommes, qui ne surveillerait pas mieux l'intérieur et effrayerait moins l'extérieur qu'une demi-douzaine de folliculaires à ses gages. »

Le Moniteur fut la pièce maîtresse de son système de propagande. Journal officiel depuis décembre 1799, il avait aussi une partie non officielle composée d'articles de variétés, d'informations générales et de nouvelles diverses.

« J'ai fait du *Moniteur* l'âme et la force de mon gouvernement, mon intermédiaire pour mes communications avec l'opinion publique du dedans comme du dehors [...] C'était le mot d'ordre pour les partisans du gouvernement en même temps qu'un appel à l'opinion de tous » (*Mémorial de Sainte-Hélène,* 13 juin 1816).

Le contrôle de la presse ne cessait de se faire plus pesant. La création du brevet d'imprimeur et de celui de libraire donna au pouvoir de nouveaux moyens de contrôle. En 1805, les censeurs furent intégrés à la rédaction des journaux.

Le *Journal des Débats* restant royaliste, Bertin l'aîné fut exilé en 1801 et en 1805, son journal fut confisqué et prit le nom de *Journal de l'Empire.* En 1811, seuls quatre journaux purent continuer à paraître à Paris : *Le Moniteur,* le *Journal de Paris,* le

Journal de l'Empire et la *Gazette de France* ; leur propriété fut entièrement confisquée.

En province, après l'hécatombe de janvier 1800, il
subsistait encore 170 feuilles en 1807 : il leur fut
imposé de ne plus traiter désormais de politique que
par extrait du *Moniteur*. En août 1810, on ne laissa
plus subsister qu'une seule feuille par département.
Curieusement, ce décret entraîna dans certains départements pauvres la création d'un journal. L'obligation
de publier désormais les annonces de certains actes de
la procédure civile fut une source nouvelle de revenus
pour ces journaux.

VIII. — La première Restauration et les Cent-Jours (juin 1814 - juin 1815)

Le retour des Bourbons, malgré le vote d'une loi
du 21 octobre 1814 qui maintenait l'autorisation
préalable et le timbre, fut l'occasion de retrouver une
certaine liberté : du *Censeur* libéral à *La Quotidienne*
« ultra » de Michaud, se reconstitua à Paris une
presse politique à laquelle *Le Nain Jaune* de Cauchois
Lemaire avait fait retrouver le ton de la satire. Le
retour de l'île d'Elbe ouvrit pour la presse une
période de liberté quasi anarchique où reparurent
même des feuilles jacobines. Waterloo y mit un terme
et pendant soixante-cinq ans, jusqu'en 1881, la presse
française allait se battre pour retrouver la liberté
qu'elle avait entrevue de 1789 à 1792.

Chapitre IV

L'INDUSTRIALISATION ET LA DÉMOCRATISATION DE LA PRESSE DU DÉBUT DU XIXᵉ À 1871

I. — Aspects généraux et causes fondamentales de l'évolution

Dans les deux premiers tiers du XIXᵉ siècle, la presse fit des progrès considérables : les journaux se multiplièrent et se diversifièrent en de nombreuses catégories ; les tirages progressèrent. En France, de 1803 à 1870, le tirage de la presse quotidienne de Paris passa de 36 000 à un million d'exemplaires[1].

Ce développement de la presse fut parallèle à l'évolution générale du monde occidental ; il présenta naturellement de notables différences nationales, mais les causes fondamentales restaient les mêmes dans tous les pays.

1. Les facteurs politiques et sociaux. — Dans tous les pays les gouvernements tentèrent de freiner le développement de la presse parce qu'elle rendait plus difficile l'exercice du pouvoir : l'ingéniosité des législateurs

1. Pour l'ensemble des quotidiens, il s'imprimait en France, en 1788, 0,4 exemplaire pour 1 000 habitants, 1,3 en 1812, 3 en 1832, 8 en 1862, 25 en 1867, 37 en 1870, 73 en 1880, 244 en 1914, 261 en 1939.

créa un arsenal de lois, règlements, dispositions diverses pour restreindre la liberté de la presse et gêner la diffusion des journaux mais l'efficacité de la contrainte et de la répression ne fut jamais que temporaire car l'évolution politique générale (élargissement du corps électoral, progrès du parlementarisme...) accroissait l'intérêt pris pour la chose politique dans des couches sociales de plus en plus larges. L'instruction, dont la généralisation fut rapide dans la période, élargissait régulièrement l'audience potentielle de la presse ; l'urbanisation fut aussi un facteur important de son développement. D'une manière générale, l'élévation du niveau de la culture des classes moyennes, comme des masses populaires, accroissait la curiosité et diversifiait les goûts du public : la presse était alors le seul instrument capable de les satisfaire.

2. **Les facteurs économiques.** — L'industrialisation des méthodes de fabrication et l'extension du marché de la presse transformèrent entièrement les conditions de son exploitation. Produit rare et cher au début du XIXᵉ siècle, limité à l'élite très réduite des favorisés de la fortune et de la culture, le journal vit sa consommation s'étendre à des couches sociales nouvelles dans les milieux de la petite bourgeoisie puis du peuple des villes.

La cause principale de cet élargissement de la clientèle fut l'abaissement du prix de vente des journaux. Il se fit par étapes : chacune provoqua, non seulement une expansion du marché de la presse, mais aussi une transformation profonde de la formule des journaux qui devaient s'adapter à un nouveau public et aux conditions nouvelles de la concurrence. Le rythme, l'ampleur et les formes de cette évolution furent très différents selon les pays. C'est en France qu'elle fut la plus rapide et la plus nette alors même que la publicité, moteur apparent de cette diminution du prix de vente, y fut, du fait des réticences conjuguées du public pour la réclame et des commerçants pour ces « dépenses inutiles », beaucoup moins importante que dans les pays anglo-saxons.

3. **Les facteurs techniques.** — Les progrès considérables des techniques favorisèrent beaucoup le développement de la presse, mais ils ne le conditionnèrent pas, dans la mesure où les machines furent presque toujours « en avance » sur les besoins réels des journaux. L'histoire des techniques de presse est encore bien incertaine et, comme il est de règle, chaque pays revendique pour lui les inventions les plus importantes.

A) *L'évolution des techniques de fabrication.*

Encre et papier : l'encre d'imprimerie pour les presses rapides des journaux fut mise au point en 1818 par Lorilleux. La substitution du papier de bois au papier de chiffon date de la décennie 1865-1875 : ainsi la presse put trouver, à meilleur compte, les quantités énormes de papier dont elle avait désormais besoin.

La composition : malgré de nombreuses tentatives, la mécanisation de la composition ne put être réalisée dans les débuts du XIXᵉ siècle : on continua à composer à la main. Mais la mise au point de la *stéréotypie,* dont le mérite revient pour une bonne part à Claude Genoux (1829) et surtout à Nicolas Serrières (1852), et de la galvanoplastie par le Russe Jacobi (1851), permit de reproduire par des *flans* en carton la composition d'une page entière : ce qui fut un gain considérable pour les imprimeries de journaux qui devaient auparavant avoir autant d'équipes de typographes que de presses.

L'impression : la presse à vis de Gutenberg ne subit que peu de modifications jusqu'à la fin du XVIIIᵉ siècle. Firmin Didot y introduisit en 1793 des parties métalliques et lord Stanhope mit au point une presse entièrement métallique en 1804. La première *presse mécanique,* où la pression du papier sur la *forme* était assurée par un cylindre, fut réalisée pour le *Times* à Londres par Friedrich Kœnig (1774-1833) en 1811 : elle doublait les anciennes cadences avec 300 feuilles recto à l'heure. Le 29 novembre 1814, le journal de John Walter II fut tiré sur des presses Kœnig et Bauer mues par la vapeur, qui assuraient à son atelier un tirage de 1 100 journaux à l'heure. En 1816, en couplant deux *presses mécaniques,* Kœnig et Bauer mirent au point la *presse à retiration* qui imprimait recto-verso. Les *presses à réaction,* dérivées des précédentes par divers perfectionnements qui augmentaient leur rendement, furent construites dans les années 1840-1850 dans différents pays : par Applegath et Cowper (pour le *Times*) en Angleterre, à Paris par Joly (1845), puis par Marinoni (1847 pour la *Presse*). Elles imprimaient quelque 7 à 12 000 exemplaires à l'heure. En 1846, aux États-Unis, Robert Hoe construisit la première machine à imprimer dont la forme imprimante était cylindrique et, par améliorations successives, l'on aboutit aux *rotatives* qui pouvaient utiliser le papier en bobine. Elles furent simultanément mises au point entre 1860 et 1870 par William Bullock aux États-Unis, par Mac Donald et J. Caverley pour le *Times* en Angleterre et, ce qui est trop souvent ignoré par les auteurs anglo-saxons, en France, en 1866-1867, par Derriey pour *La Petite Presse* et Marinoni pour *Le Petit Journal.* Elles assuraient, à l'origine, des tirages de 12 à 18 000 exemplaires à l'heure.

La reproduction des illustrations : la technique de la gravure sur bois fut, au début du siècle, entièrement modifiée par l'utilisation du *bois de bout* qui fut utilisé par les premiers grands périodiques illustrés, et par la vulgarisation de la *lithographie* découverte par Aloïs Senefelder en 1797. Quant aux différentes formes de la gravure en creux, elles étaient trop lentes et trop chères pour les journaux.

B) *L'évolution des transports et la presse.* — La presse profita aussi de la révolution des transports au XIXe siècle. Le chemin de fer accéléra la poste et la diffusion des journaux. Quant aux progrès de la poste, leurs effets tant sur l'arrivée et la diffusion des nouvelles que sur la distribution des abonnements sont trop évidents pour devoir être soulignés.

C) *L'évolution des techniques de l'information.* — Le *télégraphe optique* de Chappe (1793) fut toujours réservé aux dépêches officielles et la presse n'en profita qu'indirectement. La transmission rapide des nouvelles exigea des efforts considérables dans la première moitié du siècle (pigeons voyageurs, courriers spéciaux...) et ne commença à trouver sa solution définitive qu'avec le *télégraphe électrique* mis au point par Morse aux États-Unis en 1837, Gauss en Allemagne (1838), Weatstone en Angleterre (1839), Foy et Breguet en France (1845).

Les premières lignes datent en Europe de 1845. Le réseau des fils télégraphiques s'étendit rapidement, traversant les mers (1850, Calais-Douvres ; 1866, Europe-Amérique). Le champ d'information de la presse, après 1850, suivit très exactement l'extension du réseau des câbles télégraphiques. En France la première ligne Paris-Rouen date de 1845. En 1855, toutes les préfectures sont reliées à Paris. Dès 1850, les dépêches privées furent admises en plus des dépêches officielles. Dès 1866, Hugues mit au point un transcripteur qui débitait 1 000 mots à l'heure ; il fut perfectionné en 1874 par Baudot (4 000 mots à l'heure) : c'était les ancêtres de nos modernes téléscripteurs. Siemens, en Allemagne, produisit des appareils du même type.

4. La naissance des agences de presse. — Le marché des nouvelles prit avec le développement des journaux un essor remarquable qui suscita la création d'agences spécialisées. Leurs débuts furent souvent très humbles ; le télégraphe électrique fut l'instrument de leur promotion au milieu du siècle.

L'*Agence Havas* fut la première. Elle fut fondée par Charles-Auguste Havas. Simple bureau de traductions de journaux étrangers pour les quotidiens français à son origine, en août 1832, elle absorba diverses correspondances du même type et prit le nom d'Agence Havas en décembre 1835. Avec l'appui du gouvernement, elle prit un rapide essor et était déjà assez importante au milieu du siècle pour monopoliser en fait les services du télégraphe électrique. Elle adressait les nouvelles aux journaux sous forme de feuilles autographiées et collectait ses nouvelles, grâce aux informations gouvernementales et à un réseau de correspondants, en France et à l'étranger. Une partie de ses premiers succès fut due à la rapidité de transmission des informations financières de la Bourse de Londres par pigeons voyageurs. Les guerres du Second Empire (surtout les campagnes de Crimée et d'Italie) assurèrent sa réputation dans le monde. Très vite et, pour permettre aux journaux de province surtout de pouvoir payer ses services d'information, elle passa des accords avec la *Société générale des annonces* avec qui elle fusionna de 1865 à 1879. Les journaux payaient une portion du service de la correspondance Havas en publicité commerciale ou financière publiée dans leurs colonnes. En 1870, l'Agence Havas était sans concurrent en France.

L'Agence Wolff fut créée à Berlin en 1849 par Bernard Wolff, ancien employé de Havas, cousin de l'ingénieur Werber Siemens : elle fut la première à utiliser le télégraphe électrique pour la collecte de ses informations. Dès 1865, Bismarck mit l'agence sous le contrôle du gouvernement prussien.

L'Agence Reuter fut fondée à Londres en octobre 1851. Julius Reuter, Allemand d'origine, lui aussi ancien employé de Havas, avait créé un service de pigeons voyageurs entre la France et l'Allemagne en 1848-1850. Ses premiers services anglais furent uniquement financiers, mais il étendit vite sa clientèle aux grands journaux de Londres ; un des derniers à avoir recours à lui fut le *Times* qui finit, en 1858, par reconnaître, à côté du service de ses propres correspondants, l'intérêt du service Reuter et par s'y abonner. L'agence se développa rapidement. Sa position à Londres, carrefour du monde et centre du plus grand réseau de câbles télégraphiques, allait lui assurer très vite une importance mondiale.

L'Associated Press : les nouvelles d'Europe étaient pour les journaux des États-Unis d'une importance considérable et la lutte qu'ils se livraient pour être les premiers à profiter de celles qu'apportaient les navires venus du vieux continent était ruineuse (on allait à leur rencontre, au large, sur des barques). En mai 1848, les six quotidiens de New York s'associèrent pour la collecte de ces informations : l'*Associated Press* naquit de cet accord, elle fut longue à se développer tant la concurrence était acharnée entre les titres. La guerre de Sécession accrut ses difficultés.

Ces grandes agences comprirent très vite qu'il était inutile de se concurrencer et elles préférèrent passer entre elles des accords d'échange d'informations, première ébauche d'un « partage du monde » où chacune se réserva un domaine géographique exclusif. Dans cette association l'Agence Havas, la doyenne, assurait une sorte de présidence. Le premier accord Havas-Wolff-Reuter fut signé en 1859 ; en 1872, l'AP se joignait à elles.

II. — La presse française de 1814 à 1870

De 1800 à 1870, les tirages de la presse quotidienne ont été multipliés par trente : cette remarquable expansion marque une véritable mutation du journalisme français. Devant ce développement qui les surprenait, les différents gouvernements surtout sensibles aux dangers que la presse faisait peser sur le régime politique et aux entraves qu'elle mettait à l'exercice du pouvoir, cherchèrent par tous les moyens à freiner son développement et à contrôler la voix de ses organes ; au contraire, poussée par la force même de son expansion à réclamer plus de liberté et à contourner les obstacles que les autorités mettaient sur sa voie, la presse, par son influence politique directe et son action sur l'opinion, fut un des facteurs essentiels du progrès des idées libérales et de l'adaptation des connaissances et des mentalités aux idées et aux réalités nouvelles de la vie économique, sociale et culturelle.

1. **« La presse à l'assaut de la Monarchie » (1815-1848)**. — En trente-trois ans, il y eut 18 lois ou ordonnances générales sur la presse : c'était la preuve que le problème de la liberté de la presse était bien au cœur de la vie politique.

A) *La presse sous la Restauration (1815-1830)*.

Le régime autoritaire de la loi de 1814 (autorisation préalable, délits multiples jugés en correctionnelle, censure épisodiquement appliquée, timbre) fut libéralisé par les lois de Serre en mars-juin 1819, premier essai en France d'une codification du régime de la presse : elles supprimaient l'autorisation préalable et confiaient au jury le jugement des principaux délits politiques mais établissaient le cautionnement. Dès mars 1820, on en revint, sous Villèle, à une politique de contrainte sans cesse plus sévère : la correctionnelle fut à nouveau la juridiction compétente et le gouvernement chercha à gagner des journaux à sa cause par corruption. Sous Martignac, on retrouva pour quelques mois, en 1828-1829, un certain libéralisme. Mais Polignac, après avoir eu à souffrir des incessantes attaques de l'ensemble des journaux, voulut profiter du coup de force des ordonnances, le 25 juillet 1830, pour remettre les journaux au pas. Dans son rapport au roi, Polignac accusait : « ... la presse périodique n'a été, et il est dans sa nature de n'être, qu'un instrument de désordre et de sédition... Elle s'applique... à relâcher tous les liens d'obéissance et de subordination, à user les ressorts de l'autorité publique, à l'avilir dans l'opinion publique, et à lui créer partout des embarras. » Le projet voulait rétablir la censure, supprimer toutes les autorisations de paraître et ne permettre la reparution que des feuilles « ultras ».

Les journalistes parisiens, à l'appel de l'équipe du *National,* organisèrent la résistance et c'est de leur appel que naquit la révolution parisienne. La presse venait de fournir la preuve de sa puissance.

Parmi les journaux les plus influents de la période se distinguaient : la *Gazette de France* restée ultra sous la direction de l'abbé de Genoude, *La Quotidienne* que son conservatisme outrancier conduisait souvent dans les voies de l'opposition, mais surtout le *Journal des Débats* et *Le Constitutionnel.*

La feuille des Bertin, dont le tirage atteignit 20 000 exemplaires, était relativement modérée ; elle était susceptible de vendre son influence, mais la qualité de sa rédaction où Chateaubriand tint une place importante et où Geoffroy avait mis à la mode le *feuilleton,* sorte de supplément littéraire, lui assurait dans les milieux de la haute bourgeoisie parisienne et des notables locaux, une influence considérable. *Le Constitutionnel,* après des débuts difficiles, fut sous l'influence d'Étienne l'organe de l'opposition libérale et anticléricale : journal de la moyenne bourgeoisie, des cabarets et des cabinets de lecture, elle avait un très grand nombre de lecteurs : elle fut pour ses propriétaires une excellente affaire.

Sous le ministère Martignac naquirent deux organes nouveaux d'opposition presque républicaine, *La Tribune des départements* d'Armand Marrast et *Le National* de Thiers, Mignet et Armand Carrel.

La propagande par brochures et pamphlets (Paul-Louis Courier) fut très active. De 1818 à 1820, *La Minerve* libérale de Benjamin Constant (qui dirigea aussi *Le Censeur,* quotidien mort en 1820) et *Le Conservateur* de Chateaubriand, Lamennais et de Bonald, brochures périodiques, jouèrent un rôle essentiel dans la définition des programmes politiques des partis. *Le Globe,* hebdomadaire, créé en 1824, devenu quotidien en 1830, fut un journal très original où Sainte-Beuve fit ses débuts de critique. Quant à la petite presse non politique, *Le Corsaire, Le Diable boiteux,* le premier *Figaro* de 1826... elle dépensait beaucoup d'esprit ; elle marquait les débuts d'une longue série de titres consacrés à l'exploitation de la vie parisienne, de ses scandales et de ses modes.

B) *La presse sous la monarchie de Juillet (1830-1848).* — Né d'une révolution provoquée par la presse, le nouveau régime se devait de lui accorder une plus grande liberté : il la garantit dans l'article 8 de la charte révisée et les lois d'octobre et décembre 1830 diminuèrent le cautionnement et rétablirent la juridiction des jurys.

Devant la violence des attaques de la presse légitimiste et démocratique, les gouvernements contestés tentèrent de se défendre en multipliant les poursuites, mais le plus souvent les jurys acquittaient les journalistes. L'attentat Fieschi servit de prétexte au vote des *lois de septembre 1835* qui renforçaient l'efficacité des poursuites et doublaient le cautionnement : elles rétablirent la censure sur les dessins qui, sous les crayons de Philippon ou de Daumier, dans *La Caricature* ou *Le Charivari* quotidien, avaient été une des armes politiques les plus efficaces des oppositions. Pour un temps, la presse dut modérer ses attaques mais elle continua à jouir d'une assez grande liberté d'expression.

Les légitimistes comptaient toujours sur la *Gazette de France* et, en 1847, naquit *L'Union (monarchique)* qui fut jusqu'en 1883 l'organe intransigeant du comte de Chambord. La période vit naître une série de journaux catholiques. Si *L'Avenir* de Lamennais (octobre 1830 - novembre 1831) ne survécut pas à sa condamnation par Grégoire XIII, la création de *L'Univers* par l'abbé Migne en 1833 fut durable : de 1842 à 1879, il servit d'organe au plus grand journaliste catholique du XIXe siècle, Louis Veuillot, dont l'intransigeance et l'ultramontanisme eurent une influence non négligeable sur l'orientation du catholicisme français. Au service du gouvernement, le *Journal des Débats* continua sa carrière académique ; *Le Constitutionnel,* devenu gouvernemental qui tirait à 23 000 exemplaires en 1831, était tombé à 3 600 en 1844, lorsque le Dr Véron sut le ranimer grâce à la publication du *Juif errant* d'Eugène Sue. *La Presse* de Girardin fut aussi gouvernementale. Dans l'opposition républicaine *Le National* perdit de son audience après la mort de Carrel en 1836 ; les deux feuilles les plus importantes de la gauche furent *La Réforme* de Ledru-Rollin née en 1843 et surtout *Le Siècle* de Dutacq, puis Havin : ce dernier tirait à plus de 40 000 en 1847. En liaison avec l'extraordinaire développement de la pensée socialiste de l'époque, parurent un grand nombre de feuilles souvent éphémères, fouriéristes comme *La Démocratie pacifique* de Victor Considérant, saint-simoniennes comme *Le Globe* de Pierre Leroux, communistes comme *Le Populaire* de Cabet, buchéziennes comme *L'Atelier.*

À côté de la petite presse d'échos ou de caricatures dont le titre le plus important fut *Le Charivari* né en 1832 et qui poursuivait sa carrière, une des plus grandes nouveautés de la période fut la naissance des grandes revues de qualité, mensuelles ou bimensuelles, dont le nombre et l'importance furent considérables jusqu'en 1914. La *Revue des Deux-Mondes* de Buloz et la *Revue de Paris* naquirent en 1829. *Le Correspondant* devint en 1843 avec Montalembert, de Falloux et l'abbé Dupanloup l'organe des catholiques libéraux. *L'Illustration* de Charton née en 1843 allait, pendant un siècle, rester le magazine illustré de qualité français.

C) *Les nouveaux quotidiens à meilleur marché.* — Le développement de la presse était freiné par le prix élevé de ses abonnements : 80 F par an, soit plus que le salaire mensuel moyen d'un ouvrier parisien ou le dixième du traitement annuel d'un instituteur de campagne. L'idée d'abaisser le prix de vente des journaux, grâce aux ressources de la publicité, puisque la suppression du timbre n'était pas acceptée, était en l'air. Le 1er juillet 1836, parurent deux journaux dont l'abonnement était fixé à 40 F (soit un prix de vente théorique au numéro de 10 centimes), *Le Siècle* et *La Presse.*

L'initiative en revenait à Émile de Girardin. Né en 1806, fils naturel, il s'était fait connaître par un roman autobiographique *Émile* en 1826 ; en 1828, il lança *Le Voleur,* sorte de revue de presse hebdomadaire, puis en 1829 *La Mode.* En 1831, il épousa Delphine Gay qui favorisa son ascension sociale. Le *Journal des connaissances utiles,* hebdomadaire à 4 F d'abonnement par an, qu'il lança en 1831, eut un succès considérable mais éphémère (130 000 exemplaires en 1832). Divers autres magazines populaires assurèrent sa fortune. Député en 1834, Girardin était enfin « arrivé ». Associé à Dutacq, il prépara le lancement de son journal puis Dutacq se sépara de lui et lança *Le Siècle,* qui devait beaucoup mieux réussir que *La Presse.* Le duel où Girardin tua Armand Carrel en juillet 1836 fut comme le symbole de la victoire de la nouvelle presse sur l'ancienne.

Contrairement à la légende, Girardin n'a pas créé la publicité dans la presse. Renaudot avait découvert les annonces et les placards publicitaires existaient dès 1815 dans les quotidiens. *Les Débats* recevaient déjà en 1835 plus de 200 000 F de recettes publicitaires par an, c'est-à-dire plus que *La Presse* n'en reçut annuellement entre 1836 et 1848.

Le succès de ces deux journaux fut considérable mais non pas foudroyant. Il obligea les autres feuilles à suivre leur exemple et à abaisser le prix de leur abonnement. Finalement, de 1836 à 1847, le tirage des quotidiens parisiens passa de 80 000 à 180 000 exemplaires.

Les nouveaux journaux ne se différenciaient guère par le contenu des anciennes feuilles. La concurrence accrue entre les titres créa le *roman-feuilleton* qui devint un des attraits de la lecture du journal et contribua beaucoup à son succès grandissant.

Le premier grand succès, en ce domaine, fut le *Capitaine Paul* d'Alexandre Dumas qui fit gagner 5 000 lecteurs au *Siècle* en 1838. Eugène Sue publia ses *Mystères de Paris* en 1842... dans le très austère *Journal des Débats* ; *Le Juif errant,* chef-d'œuvre de la littérature anticléricale au XIXe siècle, fut payé 150 000 F et rapporta 15 000 abonnements au *Constitutionnel* ;

Les Trois Mousquetaires et *Le Comte de Monte-Cristo* d'Alexandre Dumas parurent en 1844, le premier dans *Le Siècle,* le second dans *Les Débats.*

2. **L'épanouissement passager de la presse sous la IIᵉ République (février 1848 - décembre 1851).** — La liberté absolue, confirmée par les décrets des 5 et 6 mars 1848 qui supprimaient le timbre et le cautionnement, et rétablissaient le jury, récompensait la presse pour le rôle qu'elle avait joué dans la déconsidération puis la chute du régime de Juillet.

Ce fut, pour quelques mois à Paris, comme en province, une véritable floraison de journaux de toutes tendances et de tous les styles. Beaucoup se vendaient, au numéro, 5 centimes. George Sand inspira *La Vraie République* ; Raspail, *L'Ami du Peuple* ; Lamartine, *Le Bien public* ; Lamennais, *Le Peuple constituant* ; Lacordaire, *L'Ère nouvelle* ; Proudhon, *Le Représentant du Peuple* ; Victor Hugo, plus tard, *L'Événement*. Le succès de ces nouvelles feuilles ne compromit pas la réussite des anciennes et *La Presse* tira à 78 000 exemplaires.

La liberté fut compromise par les journées de juin 1848 qui entraînèrent un retour à la contrainte. Incapable de payer le cautionnement à nouveau exigé, Lamennais lança dans le dernier numéro de son journal, en août 1848, comme un cri de rage : « Il faut de l'or, beaucoup d'or pour jouir du droit de parler. Nous ne sommes pas riches. Silence aux pauvres. » En juillet 1849, la répression des délits politiques et la surveillance du colportage se renforcèrent.

Élu président de la République, en décembre 1848, grâce à l'appui d'une masse considérable de feuilles de toutes les tendances conservatrices en province et à Paris, Louis-Napoléon Bonaparte devait porter un coup fatal à la liberté de la presse après le coup d'État du 2 décembre 1851.

À l'imitation de son oncle après le 18 brumaire, il commença par ne plus autoriser que 11 quotidiens à Paris et ses préfets firent en province une hécatombe de feuilles « rouges ». Le 31 décembre 1851, la correctionnelle redevenait la juridiction normale pour les délits de presse et le décret du 17 février 1852 établit un système de répression très original qui fut souvent imité à l'étranger aux XIXᵉ et XXᵉ siècles. L'autorisation préalable était rétablie, les autorités pouvaient par des *communiqués* rétablir la vérité officielle dans les journaux et l'autorité préfectorale pouvait délivrer aux journaux des *avertissements* ; le premier sans effet, le second entraînant une suspension, le troisième la suppression. Chaque feuille était donc menacée par une épée de Damoclès gouvernementale et se trouvait contrainte de pratiquer une autocensure sévère.

3. De la soumission de la presse à la révolte des journaux (1852-1871). — Les progrès de la presse sous le Second Empire furent considérables. Le tirage des quotidiens parisiens passa de 150 000 exemplaires en 1852 à 1 million en 1870 (dont la moitié pour les feuilles à 5 centimes). En province on peut estimer le tirage global des feuilles politiques quotidiennes à 450 000 exemplaires en 1853 et à 900 000 en 1870. Ces progrès s'accompagnèrent d'une véritable transformation de la presse qui commençait à diversifier ses formules et, grâce au *Petit Journal,* à atteindre les masses populaires.

A) *L'Empire autoritaire (1852-1860).* — Sous le régime du décret du 17 février 1852, la presse mena une vie sans histoire ; le gouvernement avait eu le souci de laisser subsister une certaine diversité de tendances dans les feuilles autorisées : *L'Univers,* ultramontain ; *L'Union* et la *Gazette de France,* légitimistes ; *Les Débats,* libéraux de centre droit ; *Le Moniteur universel,* officiel, *Le Pays, Le Constitutionnel, La Patrie,* officieux, *La Presse,* gouvernementale, *Le Siècle* de Havin, « moniteur de l'opposition », anticlérical et vaguement démocratique.

44

B) *L'Empire libéral (1860-1868).* — La montée des mécontentements (rupture avec les catholiques, avec les protectionnistes), les échecs extérieurs et le vieillissement de Napoléon III, entraînèrent un certain relâchement de la contrainte.

Pour diviser les oppositions, le gouvernement autorisa la parution de feuilles nouvelles, comme *L'Opinion nationale* de Guéroult (1859), *Le Monde* (1860) destiné à être l'organe catholique indispensable depuis la suppression de *L'Univers* en 1860 (il reparut en 1867) ; *Le Temps* de Nefftzer surtout (1861) qui fut dès l'origine un organe libéral, aux informations solides ; *L'Avenir national* de Peyrat, libéral doctrinaire, et *Le Courrier du dimanche,* hebdomadaire de l'opposition « normalienne » avec Prevost Paradol et J. J. *Weiss. Le Figaro,* fondé en 1854 par Hippolyte de Villemessant, hebdomadaire de la vie parisienne devint quotidien en 1866 et politique dès 1867.

C) *L'Empire parlementaire (1868-1870).* — Incapable de dominer les oppositions, le gouvernement dut abandonner son ancien système de contrainte et la loi du 11 mai 1868, en supprimant l'autorisation préalable, permit la création de multiples feuilles nouvelles dont la violence contribua largement à déconsidérer le régime.

De l'orléaniste *Journal de Paris,* au *Français,* organe des catholiques libéraux, aux feuilles républicaines comme *Le Réveil* de Delescluze, *L'Électeur* de Jules Favre, *Le Peuple* de Jules Vallès, *Le Rappel* que Victor Hugo inspirait de son exil, ce fut un assaut de critiques, la « révolution du mépris ». L'affaire Baudin, puis l'affaire Victor Noir, nées dans le monde de la presse, montraient l'importance de ces polémiques. Mais, de toutes ces feuilles, la plus violente et sans doute la plus dangereuse fut le pamphlet hebdomadaire qu'Henri Rochefort lança en mai 1868, *La Lanterne* ; petite brochure de 64 pages, elle trouva, grâce à son esprit et à son intransigeance, une audience énorme : elle tirait à plus de 100 000 exemplaires. Rochefort, poursuivi, s'exila à Bruxelles ; il réussit en 1869 à se faire élire député et lança alors *La Marseillaise* quotidienne qui lui valut d'être emprisonné, à la suite des troubles survenus à l'enterrement de son collaborateur Victor Noir, assassiné par le prince Pierre Bonaparte. Libéré le 4 septembre, Rochefort fut alors membre du gouvernement de la Défense nationale ; il démissionna en octobre pour lancer *Le Mot d'ordre* ; arrêté après la Commune, il fut déporté au bagne de la Nouvelle-Calédonie ; il s'en évada en 1873 ; en 1880, rentré en France grâce à l'amnistie, il lança *L'Intransigeant*, socialiste puis nationaliste après le boulangisme qui lui valut d'être une fois de plus condamné à l'exil de 1889 à 1892 ; il vendit son journal à Bailby en 1908 ; en 1913, à sa mort, il écrivait toujours dans *La Patrie*.

D) *La guerre et la Commune*. — La plupart des journaux avaient poussé à la guerre. La République proclamée le 4 septembre rendit immédiatement la liberté aux journaux qui purent, malgré la guerre, s'exprimer sans censure.

Dans Paris assiégé, les feuilles socialistes menèrent une intense propagande démocratique. L'armistice de janvier 1871 les laissa libres et la Commune était déjà en germe lorsque le 11 mars le général Vinoy, en vertu de l'état de siège, supprima 6 journaux rouges. Pendant la Commune, la presse fédéraliste, *Le Mot d'ordre* de Rochefort, *Le Cri du Peuple* de Vallès, *Le Père Duchesne* de Vermeersch, *Le Vengeur* de Félix Pyat, *La Commune* de Millière... fut très active mais ne put se diffuser en province. Quant aux feuilles modérées, elles durent se réfugier à Versailles ou à Saint-Germain.

La « semaine sanglante » fut particulièrement dure pour les journalistes de la Commune. Les excès de la répression furent encouragés par la violence des feuilles bourgeoises. À aucun moment peut-être dans le monde, la presse n'a donné une aussi claire et aussi terrible expression de la haine de classe.

4. **Les débuts de la presse populaire**. — *Le Petit Journal* fut lancé à 5 centimes par Moïse Millaud, le 1er février 1863. L'apparition de cette feuille de 4 pages demi-format (43 × 30 cm) représente une date essentielle dans l'histoire de la presse européenne.

Pour la première fois un quotidien allait atteindre, par la vente au numéro, les couches populaires : c'était le meilleur marché de tous les journaux du monde.

Non politique, pour ne pas avoir à payer le timbre, il assura son succès par la simplicité de son style – l'article de la « une » signé Timothée Trimm (pseudonyme à l'origine de Léo Lespès) distillait les lieux communs de la sagesse populaire –, par l'exploitation des faits divers – l'affaire Troppman en 1869 fit monter son tirage à plus de 350 000 exemplaires –, et par la publication de romans-feuilletons extravagants – Ponson du Terrail *(Rocambole)* et Gaboriau *(L'affaire Lerouge)* y déployaient une imagination et un art d'exploiter le frisson qui ne furent jamais égalés. Ayant « le courage d'être bête », *Le Petit Journal* sut satisfaire les goûts et les curiosités d'un public à la culture très primaire : c'est dans ses colonnes que plusieurs générations découvrirent les joies de la lecture. Il tire à 300 000 exemplaires en 1870.

Le Petit Journal se diffusa très vite en province : l'impression d'une telle masse de papier posa bien des problèmes que Marinoni résolut avec sa rotative en 1867. *La Petite Presse* et *Le Petit Moniteur* de Paul Dalloz imitèrent la formule du *Petit Journal* sans atteindre sa réussite.

5. **L'éveil de la presse de province de 1815 à 1871.** — Le développement de la presse de province fut lent : il était freiné par la faiblesse de la clientèle potentielle des journaux et le manque d'originalité de leur contenu, mais aussi par la tutelle sévère que les préfets exercèrent sur eux sous tous les régimes. Chaque ville avait un journal gouvernemental, aux ordres du préfet ou du sous-préfet. La périodicité dépendait de l'importance de la ville. Dans les petites villes, il ne s'agissait guère que de feuilles d'annonces, non politiques, propriétés d'un imprimeur pour qui elles représentaient une activité secondaire. Les feuilles d'opposition, privées de la manne des annonces

légales et dont les imprimeurs tremblaient pour leur brevet, avaient une vie difficile et souvent éphémère ; seules les feuilles cléricales soutenues par l'évêché et les notables conservateurs purent survivre à côté des feuilles préfectorales. Dès la monarchie de Juillet, naquirent quelques feuilles d'opposition libérale. La IIᵉ République fut l'occasion d'une extraordinaire prolifération de feuilles qui disparurent vite après juin 1848 et décembre 1852. Au début du Second Empire déjà, dans les grandes villes tout au moins, s'opposaient souvent deux ou trois feuilles dont le préfet arbitrait la concurrence au profit de celle qui le servait le mieux. En 1870 déjà, à Lille, à Bordeaux et à Marseille, paraissaient des feuilles à 5 centimes. Le premier quotidien de province fut le *Journal de Guyenne* paru en 1784. On comptait 4 quotidiens en province en 1812, tirant ensemble à 3 000 exemplaires, 32 en 1832 (20 000 ex.), 60 en 1860 (120 000 ex.), 100 en 1870 (350 000 ex.), 190 en 1880 (1 million d'ex.), 242 en 1914 (4 millions d'ex.).

III. — La presse anglaise de 1791 à 1870

1. **Les « taxes sur le savoir » et leur suppression. —** Sans remettre en cause le *libel act,* les gouvernements surveillaient la presse de très près : les poursuites contre les journalistes étaient nombreuses et les jurys souvent sévères. Mais la grande crainte des autorités était de voir se développer une presse populaire, politiquement radicale. Contre elle les diverses taxes furent accrues en 1819 et étendues à toutes les publications périodiques politiques. Les journaux anglais furent ainsi les plus chers du monde. De 1815 à 1833, le *Times,* par exemple, était plus de trois fois plus cher que *Les Débats* ou *Le Constitutionnel.* De 1815 à 1836, le *Times* se vendait 7 pence, *Le Constitutionnel,* 20 centimes. En 1830, les quotidiens parisiens

tiraient ensemble à plus de 60 000 exemplaires : les 17 quotidiens de Londres à seulement 40 000. À partir de 1833, sous la pression de l'opinion, les taxes furent réduites et finalement supprimées entre 1853 et 1861.

2. **Le règne du « Times ».** — Fondé en 1785 sous le titre de *Daily Universal Register* par John Walter, éditeur, ce quotidien prit son nom définitif le 1er janvier 1788. Feuille vénale à ses origines, il ne devint un grand journal qu'après 1803 sous la direction de John Walter II, mort en 1847 ; grâce à Thomas Barnes, rédacteur en chef de 1817 à 1841, à qui succéda jusqu'en 1877 Delane, il acquit une audience et une autorité vraiment extraordinaires. Son indépendance était certaine ; politiquement, il accepta les réformes sans les réclamer. À l'étranger, il était aussi très lu pour la qualité de ses informations et très influent. Ses tirages passèrent de 10 000 exemplaires en 1820 à 40 000 en 1850 et à 60 000 après la guerre de Crimée où les correspondances de son reporter W. H. Russel lui valurent un surcroît de lecteurs.

Sa supériorité sur ses concurrents, le *Morning Chronicle* (1769, libéral où James Perry jusqu'en 1817 puis Black groupèrent les meilleurs journalistes whigs), le *Morning Post,* le *Morning Herald,* le *Daily News,* fondé par Charles Dickens, ou le *Morning Journal,* feuille tory et mondaine, était écrasante. Les luttes politiques avaient naturellement multiplié les journaux. Parmi les feuilles politiques, la plus importante fut sans doute le *Political Register* de William Cobbett, paru de 1802 à 1835, organe périodique de tendance radicale et démocratique qui eut jusqu'en 1819 un curieux succès dans les milieux populaires avant d'être soumis au timbre (son prix passa de 2 à 6 pence). Naquit aussi une forme originale de presse, la revue à périodicité longue et à forte pagination, à contenu politique et culturel, et dont le genre s'étendit vite sur le continent : l'*Edinburgh Review* (1820 libérale, Brougham), l'*Examiner* (Whig, 1808), la *Quarterly Review* (1809, Walter Scott).

3. Le succès de la presse à 1 penny après 1855. — La suppression des « taxes sur le savoir » eut pour effet immédiat de multiplier les journaux et d'accroître leur audience grâce à leur nouveau prix de vente de 1 penny, équivalent à celui des journaux français depuis 1836 ; l'ancienne presse résista mal et le *Times* lui-même vit ses tirages stagner et son influence désormais contestée par les feuilles comme le *Daily Telegraph* né en juin 1855, qui tirait déjà à 27 000 exemplaires en 1856, à 141 000 en 1861 et à 191 000 en 1871, ou le *Standard* (1857). Une nouvelle ère s'ouvrait pour la presse anglaise.

4. La presse populaire du dimanche. — Dès la fin du XVIIIe siècle se développa en marge de la presse quotidienne une très importante presse du dimanche, illustrée, où la politique était négligée au profit des faits divers criminels et de la littérature populaire. La première de ces feuilles fut le *Sunday Monitor* (1779). On peut citer aussi l'*Observer* fondé en 1791, le *Sunday Times,* le *Bell's Weekly Messenger, News of the World,* le *Lloyd's Weekly News* qui lança l'affaire de Jack l'éventreur et tirait en 1860 à près de 2 millions d'exemplaires. Cette formule originale devait rester une des caractéristiques essentielles de la presse anglaise.

Naquirent aussi les magazines illustrés comme la *Penny magazine* en 1832, populaire, ou en 1842 *The Illustrated London News* qui servit de modèle à *L'Illustration,* née à Paris en 1843. Le *Punch,* le célèbre journal à caricatures, imitation du *Chavirari,* vit le jour en 1841.

5. La presse de province. — Son développement fut très lent, plus lent qu'en France. Elle profita aussi de la suppression du timbre et c'est alors que beaucoup d'anciens hebdomadaires tentèrent leur chance comme quotidiens. Ce fut le cas du *Scotsman* d'Édimbourg, feuille libérale née en 1817, et surtout du *Manchester Guardian,* fondé en 1821 par John E. Taylor, et qui fut quotidien après 1855. En 1872, C. P. Scott en prit la direction en chef qu'il garda jusqu'en... 1929. En 1868, se créa la *Press Association,* sorte de communauté rédactionnelle des journaux de province, destinée à les émanciper de la tutelle de Reuter et des compagnies de télégraphe.

IV. — La presse américaine
de 1783 à 1865 :
la naissance du journalisme moderne

En 1790, les États-Unis ne comptaient que 4 millions d'habitants et les feuilles de leurs petites villes n'avaient que des tirages très faibles. Dès cette époque pourtant les journaux américains, qui copiaient le plus souvent les formules anglaises, avaient un style direct, violent, et abusaient des polémiques personnelles. En 1800, on comptait 17 quotidiens et 200 périodiques dans les 13 États : New York était déjà en passe de devenir le centre le plus important. C'est dans cette ville que naquirent les premiers grands journaux qui surent étendre leur audience en abaissant leur prix de vente à 2 cents, soit l'équivalent d'un penny anglais ou de 10 centimes français. Le premier fut *The Sun* lancé par Day en 1833 qui tirait déjà à 19 000 en 1835. Gordon Bennet (1795-1872), en créant à 1 cent son *New York Herald* en 1835, passé à 2 cents dès l'année suivante, imposa le journalisme moderne fait de reportages, d'échos confidentiels et de faits divers ; dès 1839, il eut des correspondants en Europe ; il tirait alors à 33 000 exemplaires. Choqué des excès de ce journalisme qui sacrifiait trop à la recherche de l'information et négligeait la défense des idées politiques, un des rédacteurs du *Herald,* Horace Greeley, fonda en 1841, à 1 cent, le *New York Tribune* qui dut aussi passer très vite à 2 cents. Plus sérieux, fidèle aux longs éditoriaux, ce journal acquit vite une forte audience dans les milieux puritains. Libéral en politique, voire parfois socialisant, le *Tribune* mena contre le *Herald* une lutte acharnée. Il lança un supplément illustré, le *Weekly Tribune,* qui tirait à 200 000 en 1860. Républicain, il fut résolument anti-esclavagiste alors que le *Herald,* démocrate, soutint longtemps la cause des Sudistes.

En 1851, Raymond, venu du *Tribune,* lança le *New York Times* qui, refusant les excès d'un journalisme de reportage, resta un journal bien écrit, aux rubriques soignées, et qui attachait un grand prix aux goûts littéraires et aux besoins de ses lectrices.

En 1850, quelque 240 quotidiens tiraient ensemble à 750 000 exemplaires. La guerre de Sécession (1863-1865) fut pour la presse américaine une étape fondamentale : l'immense curiosité suscitée par les événements accrut fortement les tirages ; elle donna aux dépêches télégraphiques une importance considérable et fournit au reportage des correspondants de guerre un extraordinaire champ d'information.

V. — La presse en Allemagne de 1792 à 1871

Dans l'Europe centrale germanique, le frein politique des législations répressives fut beaucoup plus efficace qu'en France. Les régimes politiques monarchistes furent tous très durs pour la presse et ce n'est qu'en Bavière ou dans les villes libres comme Francfort, Cologne ou Hambourg, que les journaux purent traiter de politique avec quelque indépendance. La rivalité entre la Prusse et l'Autriche ajoutait un aspect original à la vie de la presse de langue germanique.

L'influence révolutionnaire et napoléonienne sur la presse allemande fut considérable, soit directement dans les zones annexées ou les royaumes vassaux où la législation française fut imposée, soit indirectement en Prusse et en Autriche où les gouvernements tentèrent de faire jouer à leurs journaux un rôle de propagande : les journaux furent donc asservis des deux côtés. À Berlin le premier quotidien, les *Berliner Abendblättern* de Kleist (1810-1811) furent supprimées par peur des remontrances de Napoléon, mais la *Spener Zeitung* et la *Vossische Zeitung* se mirent vite au service du nationalisme prussien dont le défenseur le plus violent fut l'éphémère *Preussischer Korrespondent* de 1813. La chute de Napoléon, qui avait pu donner quelques espérances aux libéraux, avec en particulier le *Rheinische Merkur* (1814-1816) de J. J. Görres à Coblence, entraîna, en réalité, un rapide retour à une contrainte que la Diète devait étendre en 1819 à l'ensemble des États allemands puis renouveler en 1824, 1831 et 1832 en la durcissant. Le monopole des annonces aux seules feuilles bien vues des autorités était, en marge de la censure, une arme non négligeable. L'*Allgemeine Zeitung (Gazette d'Augsbourg)* de Johan Friedrich Cotta, qui naquit en 1798 à Tübingen et ne se fixa en Bavière qu'en 1810, était la feuille la mieux informée et la plus libérale d'Allemagne ; par rapport à elle, les autres journaux allemands paraissaient pauvres de contenu. En 1824, la *Spener-* et la *Vossische Zeitung* devinrent, elles aussi, quotidiennes mais sans gagner en intérêt.

La tentative de la *Rheinische Zeitung* à Cologne (1842-1843), feuille libérale, contre la médiocre *Kölnische Zeitung,* malgré la qualité des articles de Karl Marx, échoua. Il fallut attendre 1848 pour assister, en Allemagne, comme en Autriche-Hongrie, après la suppression de la censure en mars, à une extraordinaire floraison de journaux, dont la victoire des monarchies traditionnelles entraîna la chute. Le plus célèbre fut peut-être la feuille de caricature le *Kladde-*

radatch. Karl Marx publia sa *Neue Rheinische Zeitung* ; à Berlin, Bismarck lança la très conservatrice *Kreuzzeitung* ; B. Wolff, la *National Zeitung,* nationale-libérale ; et Bernstein, la démocratique *Urwähler Zeitung* ; à Cologne, Dumont donna à sa *Kölnische Zeitung* une nuance libérale qui en fit une des feuilles les plus solides d'Allemagne.

Comme en France ce renouveau dura peu : dès 1850, puis 1854, la législation se durcit, mais la presse avait pour la première fois trouvé une large audience et elle conserva, sinon une véritable liberté d'expression, du moins le droit de parler de politique avec un ton plus libre. Les tirages montèrent. La *Frankfurter Zeitung,* suite d'une feuille financière, acquit alors une grande audience. En 1870, sans être aussi riche que la presse française, la presse allemande s'était diversifiée et comptait des journaux de qualité ; elle restait cependant géographiquement très dispersée.

Chapitre V

LE DÉVELOPPEMENT
DE LA PRESSE POPULAIRE
À GRAND TIRAGE (1871-1914)

À la fin du XIXe et au début du XXe, le journal devint un produit de consommation courante. Le rythme de ses progrès fut naturellement très variable selon les nations, et même si les causes fondamentales de son développement restaient les mêmes, la presse de chaque pays prit, en fonction des caractères nationaux et des circonstances historiques, une physionomie originale dont, encore aujourd'hui, bien des traits restent fixés tant les habitudes de lecture prises alors par les masses ont résisté au changement. L'image de la presse dans le monde et les caractéristiques essentielles des formules du journalisme comme de celles du marché de la presse de chaque pays étaient, en 1914, très proches de celles d'aujourd'hui, dans les pays industrialisés du moins, car, en dehors du monde occidental, la presse avait encore bien des progrès à faire ; aussi bien le degré de développement des journaux était, comme il l'est encore aujourd'hui, directement fonction de l'occidentalisation de la vie économique et sociale.

Ce fut, en plus d'un sens, le véritable âge d'or de la presse : son marché était en expansion constante et elle n'avait pas, sauf peut-être en France, atteint son point de saturation. Surtout la presse écrite n'avait alors à craindre aucune concurrence car elle était le seul moyen d'information collectif.

I. — Les facteurs et les caractéristiques des progrès de la presse

1. **Les causes fondamentales.** — Elles restaient les mêmes que celles de la période précédente : généralisation de l'instruction, démocratisation de la vie politique, urbanisation croissante, développement des transports et des moyens de transmissions et, en conséquence directe, élargissement du champ d'information des journaux et de la curiosité de leurs lecteurs, mais aussi abaissement du prix de vente, tant direct par l'alignement sur celui des feuilles populaires, qu'indirect par la lente élévation du niveau de vie moyen des masses.

Le progrès des techniques de fabrication ne fut pas, comme pour la période précédente, marqué par des bouleversements fondamentaux mais par des perfectionnements continuels qui accrurent le rendement des presses et abaissèrent le prix de revient des matières premières et les coûts. Les rotatives prirent des dimensions considérables et purent sortir des journaux à la pagination abondante, à un rythme accéléré. En 1914, les rotatives modernes assuraient, en plusieurs sorties, l'impression de quelque 50 000 exemplaires de journaux de 24 pages à l'heure.

La composition subit cependant une véritable révolution par la découverte des *composeuses mécaniques* : de nombreux modèles virent le jour au milieu du XIXᵉ siècle, mais c'est la Linotype mise au point en 1884 à Baltimore par Ottmar Mergenthaler qui s'imposa, malgré les résistances en Europe des ouvriers typographes et des fondeurs de caractères.

L'illustration : la photographie fut découverte dans la première moitié du XIXᵉ siècle, mais sa reproduction imprimée fut beaucoup plus tardive. Pendant longtemps elle servit seulement à fournir des modèles aux ouvriers graveurs ou lithographes.

La mise au point de la *photogravure* chimique vers 1850 permit une diversification des méthodes d'impression à grand tirage. Pour la typographie, l'impossibilité de rendre les gris des photos ne fut surmontée qu'après l'invention, d'après un principe mis au point par W. H. Fox Talbot en 1852, de la *similigravure* par l'Allemand Georg Meisenbach en 1882 et l'Américain F. E. Ives en 1885. Grâce à une trame, les clichés étaient désormais composés d'un grand nombre de points de densité variable qui pouvaient être facilement reproduits sur les formes de la composition.

La gravure en creux trouva son utilisation pratique pour les presses rapides grâce à l'*héliogravure* qui permettait de graver directement les cylindres de rotatives spéciales. Sa mise au point en fut lente et progressive : en 1895, à Manchester, le Tchèque K. Klic et S. Fawcett lancèrent la première rotative moderne à impression héliographique. Quant à la lithographie, toujours aussi utilisée et où le zinc en remplaçant la pierre permit l'utilisation de la rotative, elle donna naissance au début du XXe siècle, après bien des échecs, à l'*offset* (de l'anglais : décalque) dont on peut attribuer le mérite définitif à l'Américain I. W. Rubbel : ce système d'impression sans relief n'avait encore en 1914 que peu de développement.

La transmission des clichés photographiques par fils ou ondes fut mise au point en 1907 en Allemagne par Korn et en France par Eugène Belin qui perfectionna son appareil. Le premier belinographe publié par la presse le fut par *Le Journal,* le 13 mai 1914 : il représentait l'inauguration de la Foire de Lyon, par Poincaré. Il avait été transmis en quatre minutes par fil téléphonique.

2. **Les transformations des journaux.** — Les énormes progrès quantitatifs de l'audience de la presse eurent des effets considérables sur la présentation des journaux et la diversification de leurs catégories.

La pagination augmenta considérablement, surtout dans les pays anglo-saxons où l'abondance croissante de la publicité fut un des moteurs de cette évolution. En France, les progrès furent au contraire relativement lents : si la « petite » presse à 5 centimes retrouva de 1887 à 1890 le format des « grands » journaux, ce n'est que vers 1899-1903 que les feuilles à grand tirage passèrent à 6 pages ; en 1914, leur pagination moyenne était de 8 à 10 pages contre 20 et plus pour les journaux anglais, américains et allemands.

La mise en page évolua vers une plus grande variété. C'est aux États-Unis que la grille immuable des colonnes fut pour la première fois brisée. À son exemple, les grands titres se multiplièrent, puis dès 1885-1890 les illustrations et après 1900 les photos, même si la mauvaise qualité du papier journal rendait ces premiers clichés presque indéchiffrables.

Un des effets de la révolution industrielle et technique de la presse dans la seconde moitié du XIXe siècle fut, d'une part, la différenciation croissante des types de quotidiens – journaux populaires et journaux de qualité, journaux d'abonnés de moins en moins importants et journaux vendus au numéro, journaux spécialisés (sports, finances, vie littéraire...) –, et, d'autre part, le développement considérable de la presse périodique, des magazines divers aux revues de doctrine en passant par les feuilles spécialisées, des journaux féminins aux feuilles pour enfants.

3. **L'évolution du journalisme.** — La démocratisation de la presse et l'augmentation de la pagination transformèrent autant le style que le contenu des journaux. Les nouvelles, celles de la grande comme celles de la petite actualité, prirent une place considérable dans les journaux et le journalisme de reportage se substitua au journalisme de chronique. C'est surtout aux États-Unis que ces formules nouvelles furent exploitées jusqu'à l'abus. Le goût du grand public et les contraintes de la concurrence entre les titres conduisaient à l'exploitation du sensationnel par des *campagnes de presse* dont les prétextes étaient trouvés le plus souvent dans la politique : ces campagnes eurent souvent une influence considérable sur la vie politique des nations démocratiques et détournèrent parfois les revendications de l'opinion vers des problèmes secondaires au détriment des réformes de structures dont la complexité et le caractère abstrait se prêtaient moins bien à l'exploitation journalistique. Au total, si le récit et le commentaire de l'actualité

continuaient à répondre à la naturelle curiosité des lecteurs, les rubriques de vulgarisation accroissaient leur champ de connaissance, et surtout les récits de fiction, les jeux, la présentation des spectacles de toute nature faisaient des journaux et, de plus en plus, des instruments de divertissement.

La concurrence conduisit les journaux à flatter des goûts nouveaux de leur public en patronnant des épreuves sportives – les premières courses cyclistes, automobiles, et les premiers exploits de l'aviation ont été stimulés par les journaux – et en lançant des concours.

L'augmentation de la pagination permit d'abord un meilleur ordonnancement des rubriques, puis la création dans les quotidiens de pages spécialisées, dont un des premiers soucis fut de retenir le public féminin, moins sensible aux informations de la grande actualité politique nationale ou internationale. Cet élargissement du contenu et de l'audience des journaux fit de la presse l'instrument indispensable de l'adaptation des mentalités et des modes de vie à l'évolution des sociétés industrielles.

4. **Le marché de l'information et le progrès des agences de presse.** — Dans un monde désormais élargi aux dimensions du globe, l'ampleur de la collecte des informations et le coût de leur diffusion rendaient indispensable le recours aux services des grandes agences télégraphiques et favorisaient leur tendance à monopoliser le marché des nouvelles. Seuls quelques rares grands journaux étaient assez puissants pour entretenir leur propre réseau de correspondants particuliers et pour envoyer des reporters suivre les grands événements.

L'*Agence Havas* se constitua en société anonyme en 1879 ; sa branche publicité, qui était en rapports étroits avec la *Société générale des annonces,* était animée depuis 1900 par

Léon Rénier. Elle ne cessa de poursuivre, sur le plan international, une politique d'entente avec l'*Agence Reuter*, l'*Agence Wolff* et l'*Associated Press,* qui fut confirmée par des accords de 1889, 1899 et 1909. Mais cette dernière, à la veille de la guerre, commençait à vouloir reprendre sa liberté d'action. L'*Agence Wolff* était étroitement contrôlée par le gouvernement allemand. Le développement de l'*Agence Reuter* fut en rapport avec la dispersion et l'importance des intérêts anglais dans le monde, et avec la grandeur du réseau des câbles anglais qui faisaient de Londres la plus grande place mondiale du monde des nouvelles. Aux États-Unis, l'*Associated Press* qui fut réorganisée en 1892 ne put, comme ses alliés européens, monopoliser en fait le marché ; agence coopérative, elle ne pouvait servir un nouveau journal sans l'accord des autres : elle ne pouvait donc avoir qu'un seul associé dans chaque ville. Bien d'autres agences tentèrent de la concurrencer, comme la première *United Press* née à Chicago en 1883, mais ce furent surtout la seconde *United Press* lancée en 1907 dans le sillage du groupe de journaux Scripps - Mac Rae et l'*International News Service,* fondée par Hearst en 1909, qui contestèrent sa puissance.

II. — **La presse américaine à la conquête des masses (1867-1917)**

1. **Les caractères généraux.** — Les progrès de la presse des États-Unis de cette période sont à la mesure du formidable développement de ce pays après la guerre de Sécession. En 1910, les États-Unis comptaient déjà 2 430 quotidiens et leur tirage total dépassait 24 millions d'exemplaires. L'essor des grandes feuilles à 2 cents se poursuivit. Si New York resta le centre le plus important d'édition de quotidiens – il y en avait 22 en 1910 – chaque ville importante disposait de plusieurs feuilles. Les journaux s'opposaient souvent entre eux avec une violence surprenante et d'une manière générale les journaux américains étonnaient tous les observateurs européens par leur dynamisme et l'importance des moyens matériels dont ils disposaient mais aussi par la vigueur de leurs campagnes et le ton très personnel de leurs polémiques. À

tous les niveaux de la vie américaine, le journal était l'instrument indispensable du progrès.

2. **La presse à 1 cent.** — Deux noms, sans résumer, et de loin, toute la vie tumultueuse de cette presse, caractérisent bien son développement : celui de Joseph Pulitzer (1847-1931) et celui de William Randolph Hearst (1863-1951). Les journaux qu'ils dirigèrent se vendaient 1 cent et ils représentaient la dernière étape du journalisme populaire.

Pulitzer, israélite hongrois, immigré aux États-Unis en 1864, prit part à la guerre de Sécession puis s'installa comme avocat à Saint-Louis où il fit ses premières armes de journaliste. En 1878, il racheta deux vieux journaux et lança le *Saint-Louis Post Dispatch* où il expérimenta le nouveau journalisme populaire des faits divers et des reportages d' « intérêt humain » tout en participant avec courage aux luttes électorales locales. En 1883, il racheta le *New York World* ; exploitant sans vergogne le « sang à la une » et le sensationnel, lançant de multiples campagnes, il réussit à le placer au premier rang. Il dut, en 1896, passer à 1 cent. Aveugle, il continua à diriger son groupe de journaux jusqu'à sa mort.

Hearst, fils d'un millionnaire californien, fit ses premières arme à l'*Examiner* que son père lui avait cédé, puis vint à New York lancer le *New York Journal* à 1 cent en 1895. Ce personnage hors du commun, mégalomane et homme d'affaires avisé, exploita son *Journal,* puis les nombreuses autres feuilles de sa chaîne. Son premier coup de maître fut le déclenchement de la guerre contre l'Espagne en 1898, qu'il avait presque seul pratiquement provoquée par une série de reportages sur Cuba et par l'exploitation de l'explosion accidentelle du cuirassé *Maine* dans la rade de La Havane. Ultrapatriote, dévoré d'ambitions politiques et de rancunes personnelles, il fit de son journal une puissance avec laquelle il fallait compter. Il était très germanophile et pesa de toutes ses forces en 1916 et 1917 pour éviter l'entrée en guerre des États-Unis.

Ces journaux aux titres accrocheurs, à l'illustration abondante, étaient bien adaptés à la mentalité fruste et à la culture très primaire de la masse des nouveaux immigrants, qui firent aussi le succès des *comics,* ces bandes dessinées, imitées des histoires sans parole des

feuilles humoristiques et des journaux d'enfants européens. Un des premiers personnages de ces *comics,*
Yellow Kid (1894), contribua à donner à la presse à
1 cent le surnom de *presse jaune.*

Par réaction contre les excès du *World* et du *Jour-*
nal, Adolphe Ochs, qui avait racheté le *New York*
Times en 1900, en fit, en peu d'années, le grand journal sérieux, aux informations sûres, qui manquait aux
États-Unis.

En marge des succès des quotidiens, la presse du dimanche,
dont le plus fort tirage (1,5 million) était en 1914 le *Saturday*
Evening Post de Philadelphie, avait pris un essor comparable à
celui qu'elle connaissait en Angleterre. Quant aux magazines
illustrés, journaux féminins, journaux de sports... leur nombre
et leur qualité étaient remarquables : ils servirent souvent de
modèles aux publications européennes.

3. **Les chaînes de journaux.** — La faiblesse des tirages des quotidiens américains tenait surtout à
l'étendue du territoire[1] ; les feuilles avaient des attaches locales très solides, mais déjà des *chaînes de jour-*
naux s'étaient constituées : en 1910, on en comptait 13 groupant au total 63 quotidiens, dont les plus
importantes étaient celle de Hearst et celle du groupe
Scripps - Mac Rae - Howard. À côté de ces chaînes,
des *syndicates* jouaient le rôle d'agences d'articles ou
d'illustrations.

III. — Les débuts de la presse
à grand tirage en Angleterre (1870-1914)

La presse populaire anglaise eut un développement
plus tardif qu'en France, et en 1910 le tirage global
des quotidiens anglais, qu'on peut estimer à 6,5 mil-

---

1. Les tirages des journaux étaient, à la suite d'une loi de 1912, con-
trôlés depuis 1913 par l'*Audit Bureau of circulation.* En 1913, à New
York, le *Journal* (soir) tirait à 700 000 et l'*American,* autre feuille de
Hearst, à 250 000 ; le *Times* à 175 000 ; le *Tribune* à 80 000 ; le *World,*
avec ses deux éditions du matin et du soir à 850 000.

lions, était nettement inférieur à celui des journaux français ; il est vrai que par son énorme tirage de quelque 10 millions, la presse populaire du dimanche compensait cette infériorité.

1. **L'ancienne presse à 1 penny.** — Les journaux à 1 penny continuèrent leur carrière avec des fortunes inégales.

Le *Daily Telegraph,* conservateur, sous la direction de Joseph Levy puis de son fils Edward devenu lord Burnham en 1903, atteignit son apogée en 1888 avec un tirage de 300 000 exemplaires. Le *Daily News* passé à 1 penny en 1868 déclina : racheté en 1901 par le chocolatier Cadbury, il ne tirait plus alors qu'à 40 000 exemplaires ; l'autre feuille libérale, le *Daily Chronicle* de la famille Lloyd, était alors aussi en décadence. Passé à 1 penny en 1858, le *Standard* atteignit 250 000 exemplaires en 1890, puis déclina. Le *Morning Post,* fondé en 1772, racheté en 1852 par Borthvick qui fut fait lord Glenesk en 1880, passa à 1 penny en 1881 et eut une heureuse carrière jusqu'en 1914. La *Pall Mall Gazette,* journal du soir, fondée en 1865, fut rachetée en 1883 par W. T. Stead qui diversifia son contenu et élargit son audience.

2. **La presse à un 1/2 penny.** — La véritable rénovation du journalisme britannique vint des feuilles populaires à 1/2 penny.

Dès 1868, *L'Écho* avait, à l'imitation du *Petit Journal,* tenté sa chance : il échoua. La première réussite vint par les feuilles du soir, l'*Evening News* en 1881 et surtout le *Star* de T. P. O'Connor en 1888.

Alfred Harmsworth, devenu lord Northcliffe en 1905, avait fait sa première fortune avec une série d'hebdomadaires, comme la feuille populaire d'échos et de variétés *Answers,* lancée en 1880. Il racheta en 1894 l'*Evening News,* puis fonda en 1896 le *Daily Mail,* où il pratiqua le « nouveau journalisme » racoleur : variété des sujets, grande place aux faits divers, pages féminines, mise en page aérée et grands titres, rubrique sportive et concours de pronostics... Le succès fut grand puisqu'il tirait à 400 000 en 1898, puis à un million en 1901. Il doubla son succès par la création en 1904 du *Daily Mirror* où les illustrations prenaient une place considérable. Cette feuille qu'il céda vite à son frère Harold, lord Rothermere, atteignit le million d'exemplaires en 1911. Lord Northcliffe, le « Napoléon de la Presse », patron autoritaire, racheta ou créa de nombreuses feuilles ; il y fit défendre la cause de l'impérialisme et du nationalisme triomphant. Longtemps francophobe, il se rallia, à la veille de la guerre contre l'Allemagne, à l'Entente cordiale. Le succès du *Daily Mail* bouleversa le marché. Le *Daily Chronicle* et le *Daily News,* libéraux, passèrent après 1900 à 1/2 penny et accrurent alors notablement leur audience. En 1900, Pearson lança le *Daily Express,* suite du *Morning Herald,* qui n'eut qu'un succès médiocre avant que le Canadien Max Aitken, devenu lord Beaverbrook, ne s'y intéresse à partir de 1911 et n'en devienne propriétaire en 1916 ; Pearson ne réussit pas à ranimer le *Standard.* Né en 1908, le *Daily Graphic* devait ensuite donner naissance au *Daily Sketch.* Lancé en 1911, le *Daily Herald,* travailliste, trouva en G. Lansbury un animateur de talent : sa création suscita bien des remous dans le Labour Party ; en 1912, les Trade Unions lui opposèrent, sans succès le *Daily Citizen.*

3. Les avatars du « Times ». — Le *Times,* dont l'autorité ne se démentait pas, voyait pourtant son tirage baisser. De 1879 à 1908, il passa de 70 000 à 38 000 exemplaires ; son refus de toute concession aux nouveautés risquait fort de le conduire à la ruine. Le petit-fils de John Walter II finit par le vendre discrètement 320 000 livres à lord Northcliffe, qui le modernisa et le fit passer de 3 à 1 penny en 1914. Il trouva alors une audience qu'il n'avait jamais eue et tira à 145 000 exemplaires.

4. Quelques autres titres. — En 1888, fut fondé le *Financial Times* quotidien. L'*Economist,* hebdomadaire fondé en 1843, prit avec Walter Bagehot une autorité considérable. L'*Observer,* journal du dimanche, passé sous le contrôle de lord Northcliffe en 1905 et sous la direction de Garvin, devint une feuille de qualité.

En province, les progrès de la presse furent assez lents. La concurrence des feuilles londoniennes – dès 1899 le *Daily Mail* eut une édition à Manchester – limitait l'audience des journaux régionaux. Mais le *Scotsman* d'Édimbourg, et surtout le *Manchester Guardian* de C. P. Scott, conservaient par la qualité de leurs informations une place privilégiée dans la presse libérale.

IV. — L'âge d'or de la presse française (1871-1914)

1. **Les caractères généraux de l'essor de la presse française.** — Ces quarante-quatre années furent la « belle époque » de la presse française. La multiplicité de ses titres, la puissance politique de ses organes qui donnèrent aux crises du 16 mai 1877, du boulangisme, de Panama, de l'affaire Dreyfus... des dimensions nationales d'une ampleur jamais atteinte, fournissent la preuve d'une vigueur exceptionnelle. Jamais la presse n'avait été aussi présente à tous les instants et dans tous les secteurs de la vie française, jamais elle n'avait été aussi écoutée.

Le journalisme fut dans ses méthodes et dans son style profondément affecté par la prépondérance désormais indiscutée de l'information, mais l'originalité des journaux français resta très grande par rapport à leurs confrères anglo-saxons, et d'abord par la place que la politique intérieure continua à occuper dans ses colonnes tant sous la forme d'exposés doctrinaux que sous celle de polémiques dont la violence nous surprend aujourd'hui.

La généralisation de la vente au numéro à 5 centimes permit un énorme accroissement des tirages : celui des quotidiens passa de 1870 à 1914 de 1 à 5,5 millions d'exemplaires à Paris, et de 0,35 à 4 millions en province. En 1914, le marché de la presse quotidienne française, à la différence de celui de la presse anglaise, allemande ou américaine, avait presque déjà atteint un point de saturation. De 1918 à nos jours, les progrès de l'audience des journaux français ont été pratiquement nuls si l'on tient compte de l'accroissement de la population : les progrès de la diffusion dans les campagnes étant compensés par un léger recul dans les grandes villes. À la veille de la première guerre mondiale, les tirages des quatre *grands* de la presse parisienne n'avaient pas d'équivalent, même en Angleterre.

Pourtant les journaux français apparaissaient inférieurs à leurs confrères par leur faible pagination et la médiocrité de leur réseau d'information à l'étranger : en fait, les entreprises de presse françaises étaient défavorisées par la modicité de leurs ressources publicitaires et une des tares de cette presse, conséquence, entre autres, de l'insuffisance de ses recettes, était sa vénalité.

Cette« abominable vénalité » de la presse française atteignit un sommet entre 1904 et 1908 lors du placement des emprunts russes, lorsque tous les journaux reçurent en publicité financière une manne énorme pour ne pas évoquer les faiblesses politiques et économiques de l'empire tsariste. On peut considérer que, de 1880 à 1914, les diverses formes de subventions perçues par la presse, et parmi lesquelles les fameux fonds secrets gouvernementaux n'ont jamais joué de rôle important, ont instauré une véritable censure de l'information économique et même de l'information sur les pays où les capitaux français étaient investis.

Il est vrai que ce n'était pas en Europe une originalité.

La boutade de lord Burnham : « La plupart des journaux anglais ressemblent à ces élégantes du West End qui se préoccupent plus de leur silhouette que de leur moralité », est à ce sujet caractéristique.

Le nombre des journaux publiés ne doit cependant pas faire oublier que beaucoup de ces feuilles n'avaient pratiquement aucune audience :

Feuilles-fantôme conservées par quelques affairistes en vue de chantages fructueux, *feuilles politiques* subventionnées par quelque candidat ministre pour qui un tirage de quelques centaines d'exemplaires suffisait à faire connaître ses idées dans le cercle restreint des notables du monde parlementaire, *feuilles électorales* qui vivaient l'espace d'une campagne, *feuilles éphémères,* mortes après avoir rapidement dépensé les maigres capitaux de leur commandite, elles faussent les statistiques et masquent la réalité d'une concentration très importante puisqu'en 1914 les *quatre grands* assuraient pratiquement 75 % du tirage de la presse quotidienne parisienne, et plus de 40 % de celui de tous les quotidiens français.

2. **La reconnaissance de la liberté de la presse.** — De 1871 à 1879, la presse resta soumise par les gouvernements de l'ordre moral à un régime assez rude.

Lors de la crise du 16 mai 1877, le gouvernement de Broglie tenta de gagner les élections par tous les moyens possibles de pression sur les électeurs et les candidats de l'opposition. La presse républicaine eut beaucoup à souffrir des mesures souvent arbitraires dont ses feuilles furent l'objet ; en quelques semaines, il y eut plus de deux mille procès de presse. L'échec de cette tentative – la dernière dont la presse française eut à subir les effets – démontra, et cette fois-ci définitivement, que le pouvoir politique n'avait désormais plus en France les moyens de soumettre la presse à son autorité.

Les républicains n'en furent que plus enclins à mettre enfin un terme à cette lutte qui, depuis 1792 au moins, opposait les gouvernements aux journaux. Aussi bien savaient-ils que les risques politiques de la liberté de la presse étaient désormais bien faibles : les forces monarchistes étaient incapables de trouver dans les journaux une aide susceptible de mettre la République en danger ; l'action que la presse, divisée par la concurrence entre ses titres, exerçait sur l'opinion publique, était désormais trop diffuse pour pouvoir provoquer de ces grands mouvements d'opinion qui avaient, sous les régimes antérieurs, abouti à des révolutions successives.

Les hommes politiques républicains savaient aussi, par expérience, qu'ils pouvaient composer avec la presse sans avoir à recourir à l'arbitrage toujours contesté de l'État.

La loi du 29 juillet 1881, mise en chantier dès 1878, fut minutieusement préparée en commission et débattue en séance : elle assura à la presse française le régime le plus libéral du monde.

La loi se substitua à quelque 300 articles de 42 textes législatifs antérieurs. Elle était une véritable codification de ce qui intéressait l'imprimerie, la presse, le colportage et l'affichage. Sous réserve de quelques formalités administratives (déclaration, dépôt)..., elle garantissait la liberté de publication et de diffusion et enlevait pratiquement aux autorités tout moyen d'action sur les journaux. Les principaux points qui prêtèrent à discussion furent les définitions des délits de presse. La Correctionnelle n'eut plus à connaître que de quelques délits parmi lesquels la diffamation envers les particuliers ; tous les autres relevaient de la cour d'assises. Les délits politiques étaient peu nombreux (provocation directe aux crimes et délits, ou à la désobéissance des militaires ; offense au président de la République, diffamation des Corps constitués et des souverains étrangers), les attaques contre le régime républicain, les appels à la désobéissance aux lois étaient tolérés.

La loi voulant enlever à l'autorité tout moyen de contrôle ou de pression sur la presse ignorait l'entreprise de presse, et le gérant, librement désigné par le journal, était le principal responsable. (Ce fut le plus souvent un simple homme de paille.) Les auteurs des articles litigieux pouvaient être poursuivis comme complices ; les propriétaires n'étaient, ès qualités, responsables que des condamnations civiles.

En 1889, le tribunal des Conflits interdit, dans le principe, la saisie préventive par l'autorité administrative.

Le libéralisme de la loi fut encore accentué par son application : les poursuites judiciaires furent très rares et les journaux étaient en fait assurés d'une véritable impunité. Au nom de la liberté, on tolérait la licence. La loi assurait donc à la presse la plus totale liberté à l'égard du pouvoir politique à un moment où celui-ci avait déjà, en fait, renoncé à exercer son autorité à l'égard des journaux ; mais elle négligeait aussi de protéger la presse contre le pouvoir, désormais autrement dangereux pour elle, des puissances d'argent, et cette liberté ne garantissait pas l'indépendance des journaux.

La loi ne fut remise en cause qu'à l'occasion de la crise anarchiste par les fameuses *lois scélérates* qui, en décembre 1893, élargissait la notion de provocation au crime par voie de presse et, en juillet 1884, déférait à la correctionnelle les articles « qui ont un but de propagande anarchiste ». Une fois la crise passée, ces textes tombèrent en désuétude.

3. **Les journaux parisiens.** — Il paraissait à Paris, à la belle époque, entre 50 et 70 quotidiens ; en 1910, sur 60 titres, 39 tiraient à moins de 5 000 exemplaires dont 25 à moins de 500.

A) *Le succès des feuilles à grand tirage.* — En 1914, 4 titres diffusaient ensemble plus de 4 millions d'exemplaires. La concurrence acharnée que ces titres se livraient entre eux contribuait au total à accroître leur audience commune.

Le Petit Journal augmenta régulièrement ses tirages jusqu'en 1890 où il dépassa le million d'exemplaires. Après 1898, commença une lente décadence ; la politique trop engagée dans le camp des antidreyfusards de son rédacteur en chef Ernest Judet, était incompatible avec la formule du journal populaire.

Le Petit Parisien, son concurrent immédiat, fondé en 1876 après d'obscurs débuts de feuille radicale, passa en 1888 entre les mains de Jean Dupuy : d'origine très modeste cet ancien saute-ruisseau, enrichi dans les affaires, allait se révéler un remarquable directeur ; *Le Petit Parisien* tirait déjà à 690 000 en 1890 ; en 1914 avec 1,5 million d'exemplaires, son tirage était « le plus fort des journaux du monde entier ». Son groupe éditait un grand nombre de périodiques divers.

Le Matin, fondé en 1883, adopta en France le style du journalisme de nouvelles à l'américaine ; il fut repris en 1896 par Maurice Bunau Varilla qui devait le diriger jusqu'en 1944 ; ce patron plein de suffisance porta son tirage de 90 000 en 1899 à 900 000 en 1914.

Le Journal fut fondé en 1892 : cette feuille, plus littéraire que son rival *Le Matin,* atteignit sous la direction d'Eugène Letellier, puis de son fils Henri, un tirage supérieur à un million en 1914.

B) *La presse de gauche.* — La presse socialiste éliminée après la Commune fut longue à se reconstituer car la division des factions du Parti socialiste affaiblissait son audience.

Le Cri du peuple de Vallès et Séverine (1883-1889) servit d'organe aux différents courants de la pensée socialiste.

La Petite République joua ce rôle de 1892 à 1903 mais, le grand organe de l'unité, retrouvée en 1905, fut *L'Humanité,* fondée en avril 1904 par Jaurès : ce fut un journal doctrinal, parfois aride, qui n'eut jamais l'audience populaire que les succès électoraux de la SFIO pouvaient lui laisser espérer.

Parmi les feuilles à tendance radicale la plus importante de 1871 à 1880 fut sans doute l'organe de Gambetta, *La République française* qui passa après sa mort aux mains de républicains modérés, alors que son satellite à 5 centimes, *La Petite République française,* fondé en 1876, finit par tomber dans celle des socialistes.

Le Rappel continua à gauche une carrière brillante jusqu'en 1880 ; il fut alors dépassé par *La Lanterne* (1877). *L'Intransigeant* de Rochefort resta fidèle de juillet 1880 à 1886 à la cause socialiste, avant de virer au nationalisme pendant le boulangisme. *L'Action* (1903) fut l'organe du radicalisme combine. Clemenceau fut un grand directeur de journaux et sa carrière politique agitée fut marquée par la création de *La justice* (1880), *L'Aurore* (1897), où Zola publia son fameux *J'accuse* le 13 janvier 1898, et *L'Homme libre* (1913).

C) *Les journaux du centre.* — Au centre, dans la multitude des feuilles modérées se distinguaient le vieux *Journal des Débats* qui, après avoir été rajeuni par des capitaux nouveaux en 1893, poursuivit sa carrière académique sous la direction de E. de Nalèche – il tirait encore à 25 000 exemplaires en 1914 – et surtout *Le Temps* dont le jovial et énigmatique Adrien Hébrard assurait la direction depuis 1873. Ce journal sérieux jusqu'à l'ennui, aux articles anonymes et aux informations contrôlées, était malgré la faiblesse relative de ses tirages (de 35 à 40 000 exemplaires) le plus grand journal français : son audience à l'étranger était considérable : ses chroniques diplomatiques étaient souvent inspirées par le quai d'Orsay.

Après avoir jusqu'à la mort de Villemessant servi la cause monarchiste, *Le Figaro* devint républicain modéré et après ce premier avatar il eut le tort de se rallier à la cause dreyfusarde : il y perdit presque tous ses lecteurs, Gaston Calmette le remit sur la voie conservatrice traditionnelle, il y retrouva son ancienne influence : l'assassinat de Calmette en mars 1914 par Mme Caillaux eut, dans l'opinion publique, un écho considérable.

D) *Les journaux de droite.* — Le nationalisme et l'antiparlementarisme servirent de programme à de nombreuses feuilles comme *L'Intransigeant* de Rochefort après le boulangisme, qui fut repris en 1908 par Léon Bailby, ou comme *La Liberté, La Patrie* ou *La Presse,* vieilles feuilles tombées aux mains de groupes financiers. *L'Éclair,* fondé en 1888, fut repris par Ernest Judet en 1905 lorsqu'il fut chassé du *Petit Journal* :

on le disait inspiré par le Vatican. Mais l'organe de droite le plus important après 1900 fut *L'Écho de Paris* qui, fondé à l'exemple du *Gil Blas* (1879-1914) en 1884 comme une feuille légère, devint sous la direction d'Henri Simond l'organe attitré de la « Ligue de la patrie française » ; son audience dans les milieux militaires était importante ; en 1914, il tirait à plus de 120 000 exemplaires.

La Libre parole fondée en 1892 par Édouard Drumont avec l'appui de certains milieux catholiques fut l'organe de l'antisémitisme. Quant à *L'Autorité* (1886) de Paul de Cassagnac, elle se signalait plus par un antirépublicanisme d'une extraordinaire violence, que par ses tendances bonapartistes.

E) *Les journaux religieux.* — Si *L'Univers,* malgré les crises, survécut à la mort de Veuillot en 1883 et resta un des organes les plus écoutés du clergé, les autres feuilles catholiques comme *La Défense sociale et religieuse* de Mgr Dupanloup, fondée en 1876, *Le Monde, La Vérité* née en 1893 du refus du « ralliement » finirent par disparaître. De même, les feuilles de la démocratie chrétienne fondées après 1892 ne survécurent pas au durcissement de la politique vaticane sous Pie X qui, en 1910, condamna *Le Sillon* de Marc Sangnier.

La presse religieuse fut renouvelée par les pères assomptionnistes de la *Maison de la bonne presse* qui édita un grand nombre de périodiques dont *Le Pèlerin* né en 1876 et surtout *La Croix* qui devint quotidienne en 1883 et atteignit dès 1896 un tirage stable de 170 000 exemplaires. Organe de combat, *La Croix* modéra un temps sa polémique sous la direction de Paul Feron-Vrau, après que les Assomptionnistes en eurent été chassés en 1899. Elle avait pratiquement rallié en 1914 les positions de *L'Action française.*

F) *La presse monarchiste.* — Après avoir été fort active jusqu'en 1879, la presse bonapartiste déchirée entre les feuilles jérômistes et les feuilles victoriennes perdit très vite toute audience. La mort du comte de Chambord en 1883 entraîna une hécatombe de feuilles légitimistes dont *L'Union. Le Soleil* et la *Gazette de France* survécurent difficilement jusqu'à la guerre. *Le Gaulois,* sous la direction d'Arthur Meyer, directeur de grande classe dont les qualités de journaliste faisaient pardonner les ridicules, devint l'organe de l'aristocratie française. *L'Action française,* inspirée par Charles Maurras et animée par le redoutable polémiste Léon Daudet, renouvela le journalisme monarchiste. Simple revue créée en 1898, elle devint quotidienne en 1908. La violence de ses campagnes, l'importance du mouvement qui la soutenait en faisaient un journal important malgré la faiblesse chronique de ses tirages.

G) *Les journaux spécialisés.* — La création du *Vélo* en 1891 et de *L'Auto* en 1900 assura à la France le privilège longtemps incontesté d'une presse sportive quotidienne. *Comoedia* (1907) fut un quotidien uniquement consacré à la littérature et au théâtre.

Excelsior, lancé en 1910 par Pierre Laffitte, grand quotidien illustré, représente une tentative française originale d'adaptation d'une formule qui avait déjà trouvé des précédents aux États-Unis et en Allemagne : mais il n'atteignit pas la clientèle populaire et son succès fut médiocre malgré sa qualité.

4. **La presse de province.** — Si la diffusion importante des quatre grands en province limitait les progrès de la presse régionale, celle-ci ne cessa pourtant de se développer. L'utilisation après 1878 de fils spéciaux, reliant leur bureau parisien à leur rédaction, assura aux grands régionaux une plus grande autonomie redoutionnelle. L'extension autour des grandes villes du réseau des lignes secondaires de chemin de fer les servit aussi. Si en 1914 encore la presse de province était constituée de milliers de titres de feuilles locales tri-, bi-, ou hebdomadaires, presque chaque sous-préfecture disposait de son ou de ses quotidiens : on en comptait 179 en 1874 et près de 250 en 1914. Les grandes villes en comptaient souvent une demi-douzaine. Mais déjà se dessinait le succès des grands régionaux qui, *mutatis mutandis,* dominaient la presse locale comme les grands journaux d'information écrasaient à Paris les feuilles d'opinion. Une vingtaine d'entre eux tiraient en 1914 à plus de 100 000 exemplaires. Leur influence politique était souvent importante et leurs positions modérées ; signe de leur réussite, ils avaient cessé de polémiquer avec leurs concurrents de la droite cléricale ou de la gauche socialiste.

V. La presse de l'Allemagne wilheminienne (1871-1914)

1. **Caractères généraux de l'évolution.** — La loi sur la presse de 1874 unifia le régime de la presse dans l'ensemble de l'Empire. Elle confirmait la disparition définitive des censures et accordait la juridiction du jury dans de nombreux cas. En fait les autorités continuèrent à exercer sur les journaux allemands une contrainte beaucoup plus sévère que dans les autres pays occidentaux et Bismarck, en particulier, mena la vie dure aux feuilles catholiques durant le *Kulturkampf* et aux feuilles socialistes après 1878, cependant que les subventions du « fond des reptiles » lui permettaient de jouer de la corruption de certains journalistes.

Si les progrès de la presse allemande furent proportionnellement comparables à ceux de la presse française et anglaise, elle ne connut pas ces grands journaux nationaux caractéristiques de leur évolution entre 1870 et 1914. La vigueur de la presse des métropoles régionales, mais aussi des innombrables *Heimatblätter,* des petites villes, maintint un véritable morcellement qui favorisa, dans les dernières années avant la guerre, les débuts des grands groupes de presse qui prirent tant d'ampleur pendant et après la guerre de 1914-1918. On comptait en Allemagne quelque 300 quotidiens en 1866 et 2 200 en 1914.

L'abondance de la publicité commerciale et des petites annonces favorisait l'accroissement de la pagination et la publication de suppléments. Les quotidiens des grandes villes avaient souvent deux ou trois éditions par jour. La diffusion se faisait essentiellement par portage à domicile, ce qui réduisait à peu la charge des invendus. Il fallut attendre 1904 pour que le *BZ am Mittag* développe la vente au numéro.

2. La grande presse politique traditionnelle. — Les quotidiens allemands avaient une pagination très abondante et souvent deux éditions par jour. Leur présentation massive n'évolua que très peu. Chaque tendance politique comptait à Berlin une feuille importante qui devait souvent partager son rôle de « moniteur » du parti avec de puissants journaux régionaux.

Parmi les titres les plus importants se distinguaient : la *Norddeutsche allgemeine Zeitung*, organe officieux de Bismarck, suite, en 1861, d'une feuille démocrate fondée en 1848 par Auguste Brass, devenue quotidienne lorsqu'elle fut reprise par Ohlendorft en 1872 ; *Die Post* fondée en 1866 par Strousberg et qui fut l'organe de certains milieux industriels ultraconservateurs ; la *Kreuz Zeitung*, conservatrice prussienne qui perdit de son importance après 1896 au profit de la *Deutsche Tageszeitung* agrarienne ; la vieille *Vossische Zeitung* dont le libéralisme modéré trouva une assez grande audience ; la *National Zeitung* qui restait l'organe des nationaux-libéraux et dont l'audience fut réduite par son concurrent la *Volkszeitung*, suite de l'*Urwähler Zeitung* ; *Germania*, l'organe catholique du centre qui fut fondé en 1871 et qui eut à subir les effets de la colère de Bismarck ; le Centre comptait aussi sur le *Vaterland* de München et la *Kölnische Volkzeitung*.

Deux feuilles nouvelles plus vivantes contribuèrent à donner une plus grande variété à la presse berlinoise. Le *Berliner Tageblatt* du publicitaire Rudolph Mosse, feuille libérale créée en 1871 où s'illustrèrent A. Levysohn puis Theodor Wolff, et la *Täglische Rundschau* de Bernhard Briegl, fondée en 1881, feuille du protestantisme libéral. *Vorwärtz (En avant)*, organe du Parti socialiste fondé à Leipzig et interrompu par les persécutions bismarckiennes, s'installa en 1891 à Berlin : il eut avec Karl Liebknecht un rédacteur en chef de qualité ; à München la *Münchner Post* était également socialiste. La *Kölnische Zeitung* était nationale-libérale, la *Frankfurter Zeitung*, lancée en 1866 par Leopold Sonneman, fut un des plus grands journaux allemands de la période ; l'*Allgemeine Zeitung* conserva son prestige européen. Il convient également de citer *Simplicissimus*, feuille illustrée à caricatures, fondé en 1896, dont l'impertinence surprenait par rapport au conformisme de l'ensemble de la presse allemande.

3. La nouvelle presse populaire. — De nouveaux titres naquirent après 1871 : cette *Generalanzeiger*

Presse, où les annonces avaient une grande place, adopta un style plus populaire, relativement dépolitisé, et se vendit très bon marché. C'était l'équivalent de la presse à un sou française.

La première fut lancée en 1871 à Aix-la-Chapelle par La Ruelle. L'éditeur Auguste Scherl fonda, hebdomadaire en 1883 puis quotidien en 1885, le *Berliner Lokal-Anzeiger* et constitua autour de lui tout un groupe de presse. Le plus grand succès fut celui des feuilles de Leopold Ullstein : imprimeur et papetier, il s'était lancé dans l'édition des journaux en 1889 avec l'hebdomadaire *Berliner Illustrierte,* puis avec deux feuilles populaires le *Berliner Zeitung* et le *Berliner Abend Post* ; le succès de cette formule conduisit au lancement en 1898 du *Berliner Morgen Post* qui atteignit en 1913 400 000 exemplaires ; en 1904, le groupe Ullstein, qui avait étendu ses activités à la presse de province et aux périodiques, lança la première feuille de la « boulevard-presse », vendue au numéro et à la « une », faite de photos et de titres : la *Berliner Zeitung am Mittag,* qui sortait en fin de matinée.

En Alsace-Lorraine, comme en Pologne occupée, la presse eut une vie difficile. Après un régime très dur les journaux furent enfin, en 1898, soumis à la même législation qu'en Allemagne, mais en 1913 leur statut fut brutalement modifié et les feuilles en français qui s'étaient tant bien que mal maintenues, comme *Le Journal d'Alsace-Lorraine* à Strasbourg, *Le Nouvelliste d'Alsace-Lorraine* de l'abbé Wetterlé à Colmar, ou le *Courrier de Metz,* furent menacées et poursuivies avant d'être supprimées en août 1914.

Chapitre VI

LA PRESSE
DANS LA GRANDE GUERRE
(1914-1918)

L'importance de la guerre de 1914-1918 dans l'histoire de la presse est considérable : non seulement parce qu'elle bouleversa la vie des journaux et, au moins en France et en Allemagne, provoqua une brutale rupture de l'évolution antérieure, mais aussi parce qu'elle révéla dans un monde qui, acquis aux idées libérales l'avait oublié, la puissance de la propagande dont les régimes totalitaires firent par la suite un usage effrayant.

I. — Les difficultés matérielles
et le mouvement de concentration

Si, aux États-Unis et en Angleterre, la guerre eut surtout pour effet d'accroître le tirage des journaux par l'intérêt que ce formidable événement suscitait, sur le continent européen, elle créa aux journaux des difficultés considérables.

Les ressources publicitaires disparurent pratiquement, les imprimeries et les rédactions se vidèrent de leur personnel mobilisé ; le papier se fit rare et l'on dut en venir à des paginations de quatre et même de deux pages. En France la diffusion posait des problèmes très graves car le réseau ferré était surchargé par les divers transports militaires. Malgré la réduction des frais consécutive à la réduction de la pagination, la montée

76

des prix et en particulier celui du papier conduisit à une augmentation du prix de vente qui réduisit considérablement la diffusion. (En septembre 1917, les quotidiens français durent passer à 10 centimes.)

Un des premiers effets de ces difficultés fut la disparition d'un grand nombre de journaux incapables de les supporter. À Paris disparurent ainsi, en août 1914 et les mois suivants, plus de 30 titres quotidiens. Un autre effet fut de faciliter la concentration des entreprises : en France, on vit les cinq grands *(Le Petit Parisien, Le Petit Journal, Le Matin, Le Journal* et *L'Écho de Paris)* passer des accords pour la régie commune de leur publicité et de leurs services de diffusion en collaboration avec l'*Agence Havas* et les *Messageries Hachette,* ébauche du *Consortium* qui allait tenter de monopoliser le marché après 1918. L'essor des groupes de presse en Allemagne et en Angleterre après la guerre trouva aussi ses racines dans les conditions de vie de la presse pendant la guerre.

II. — **L'information militaire et la censure**

La censure immédiatement appliquée fut acceptée facilement dans tous les pays. En Angleterre, l'action du *Press Bureau* reposa à l'origine sur une sorte de compromis équivoque qui fut lentement précisé. En Allemagne, elle fut confiée au *Kriegs Presseamt* dépendant directement du Quartier général.

En France, le *Bureau de presse,* mis en place en vertu de l'état de siège, dépendait du ministère de la Guerre.

Les journaux apportaient aux bureaux de la censure une *morasse,* c'est-à-dire une épreuve des pages de leurs journaux ; les censeurs, d'après leurs consignes générales ou leurs instructions particulières journalières, signalaient les textes interdits qui étaient alors échoppés sur les formes de la composition, laissant des blancs sur les feuilles. Si les journaux ne respectaient pas les ordres des censeurs, ils s'exposaient à des saisies, voire à des poursuites et à des suspensions.

Mais très vite les difficultés surgirent lorsque, la guerre s'éternisant, la censure se fit de plus en plus stricte et, étendant son contrôle à des secteurs de plus en plus nombreux, devenait une arme politique ; les conflits furent multiples. En Angleterre, les démêlés de lord Northcliffe et de lord Beaverbrook avec elle sont restés célèbres, de même en France ceux de Clemenceau dans les années 1914-1915. En Allemagne, et dans une bien moindre mesure en France, la censure fut un des points de friction entre le pouvoir civil et l'état-major général.

L'information sur les opérations militaires à quoi se cantonnait pour l'essentiel la curiosité exacerbée de l'opinion fut toujours contrôlée par l'armée. Si l'on excepte l'armée américaine où les correspondants de guerre furent en toute occasion bien reçus, les journalistes éprouvèrent de nombreuses difficultés à donner de la guerre une image véritable : ils durent le plus souvent se contenter des informations et des récits « véridiques » transmis par le GQG. Aussi bien dans toutes les armées, les officiers d'état-major avaient peu de considération pour les journalistes. En France, ce n'est qu'à la fin de 1917 que, sous la pression de la presse, on commença à laisser les rares journalistes autorisés se rendre en première ligne.

Le « bourrage de crâne » : dans le style de ses informations sensationnelles, la presse des deux côtés tenta de soutenir le moral des populations en leur présentant les horribles réalités de la guerre sous un jour optimiste. Les « canards » furent innombrables et cette propagande, improvisée à l'origine, puis orchestrée avec de plus en plus de rigueur, fut finalement très efficace ; elle eut cependant pour effet d'accentuer l'opposition entre l'opinion publique de l'arrière et celle des combattants qui apprirent à mépriser des journaux où ils ne retrouvaient rien de leurs préoccupations et où ils ne reconnaissaient pas la guerre qu'ils faisaient. La presse dilapida en cette occasion un énorme capital de confiance qu'elle eut bien du mal à reconstituer, la paix venue. Dès la fin de 1916, le ton général des journaux changea car ils avaient compris que la meilleure façon de servir n'était pas de manifester un enthousiasme béat ou un optimisme mal justifié.

La presse fut directement associée à l'effort fait pour convaincre les neutres. En France, l'organisme qui patronna la défense de la cause française à l'étranger prit même le nom de *Maison de la Presse*. Les agences de presse furent naturellement des organes très sollicités. Havas eut beaucoup à souffrir de la censure car ses services pour l'étranger perdaient beaucoup de leur intérêt dans les pays neutres.

Il est bien difficile de comparer les divers services de censure : la censure américaine, tardive, fut en fait inexistante ; la censure anglaise fut beaucoup moins rigide que la censure française ou allemande : elle fut aussi beaucoup moins bien supportée. En Allemagne, son efficacité fut compromise par le refus des autorités militaires de prendre en considération les observations des journalistes. En France, *Anastasie* fut fort critiquée ; malgré ses erreurs souvent relevées et sa sévérité tatillonne, elle fut d'une efficacité remarquable : grâce à elle, la guerre, dépouillée de ses horreurs, fut rendue supportable aux civils et l'espérance maintenue malgré les incertitudes du présent.

III. — La vie des journaux français pendant la guerre

Parmi les quatre grands, *Le Petit Parisien* et *Le Matin* accrurent leurs tirages (*Le Matin* monta en 1917 à 1,5 million et *Le PP* à plus de 2 millions), *Le Petit Journal* continua à décliner et *Le Journal* compromis en 1917 par la sombre affaire de son achat par des capitaux allemands (affaires Lenoir et Bolo Pacha) perdit beaucoup de son audience malgré les appels enflammés de son directeur politique Charles Humbert.

L'Écho de Paris où Barrès s'illustrait, et qui était un peu l'organe de l'état-major, atteignit un tirage de 400 000 exemplaires.

À droite, *La Croix*, *Le Figaro* traversèrent la guerre sans éclat. *Le Gaulois* perdit beaucoup de lecteurs. Quant à *L'Éclair*, il eut des difficultés en 1918 lorsqu'il voulut défendre la politique de Benoît XV. *L'Intransigeant* devint le plus grand journal du soir : le communiqué de 15 heures était pour lui un argument de vente : il arriva à tirer à un demi-million.

L'Action française, qui avait renoncé à critiquer la République, se lança dans les attaques très violentes contre les « traîtres » et les tièdes. Elle voyait ses tirages augmenter et baisser au rythme des campagnes de Léon Daudet.

Au centre, *Le Temps* et *Les Débats* traversèrent la guerre sans à-coups ; *L'Homme libre* de Clemenceau, pourchassé par la censure devint *L'Homme enchaîné* en octobre 1914 : il redevint *libre* quand son patron fut président du Conseil en fin 1917.

À gauche, la guerre, d'abord acceptée, fut vite discutée par les feuilles socialistes, que l'assassinat de Jaurès avait privées de leur mentor. *L'Humanité* resta fidèle à la politique d'Union sacrée, mais elle ne tirait plus qu'à 20 000 exemplaires en octobre 1918 quand elle passa aux mains des « pacifistes ». Le profond déchirement de la presse socialiste entre les feuilles fidèles à la politique de participation et celles qui défendaient les thèses de la paix et la cause de la révolution bolchevique annonçait la rupture de 1920.

Le Bonnet rouge, feuille pacifiste d'Almereyda, fut l'objet en août 1917 de poursuites qui conduisirent son directeur en prison où il se suicida, et Duval au poteau d'exécution.

L'Œuvre, périodique, devint quotidienne en 1915 : le journal de Gustave Tery, par le ton frondeur de ses manchettes et son attitude critique face à la propagande, eut un rapide succès. En 1916, *Le Canard enchaîné* fit une apparition modeste.

La guerre contribua au succès de la presse illustrée d'actualités comme *L'Illustration*, *Le Miroir* ou *J'ai vu*, et des magazines grivois comme *La Vie parisienne*, *Le Rire* ou *La Baïonnette*.

Chapitre VII

L'ÈRE DES GRANDS JOURNAUX
(1919-1939)

I. — Aspects généraux
de l'évolution de la presse

1. **Les transformations du contenu et des fonctions de la presse.** — Après la grande guerre, la diversification croissante des catégories et des types de publications rend difficile la présentation générale d'une évolution qui se caractérise par sa complexité.

Le succès de la presse magazine illustrée d'informations générales ou spécialisée fit des périodiques de ce type des concurrents directs de la presse quotidienne. Il y avait désormais deux marchés de la presse.

L'accroissement rapide de l'audience de la radio dans les années 30 commença à poser à la presse écrite des problèmes qui allaient se révéler redoutables lors de la seconde guerre mondiale[1].

---

1. Dans chaque pays les organismes patronaux de presse tentèrent d'interdire, ou du moins de freiner, le développement des « journaux parlés ». Aux États-Unis, le premier fut émis en 1920 à Pittsburg ; l'absence de réglementation précise de la radio leur permit de se multiplier, mais jusqu'en 1938 la pression de la presse en restreignit l'efficacité. En Angleterre, le premier bulletin d'information fut émis en 1923 mais la presse obtint que les nouvelles ne puissent être diffusées qu'après 19 heures. En France, le premier *Journal parlé* de Privat fut émis en 1925 ; les rapports avec la presse furent difficiles dès que son audience s'élargit. Les négociations furent longues et les résultats sou-

Pour attirer et retenir une clientèle plus exigeante parce que plus sollicitée par suite de la concurrence, les grands journaux, accélérant une évolution déjà commencée au début du XXᵉ siècle, accrurent leur pagination, élargirent leur champ d'information et diversifièrent leur contenu, pour satisfaire toutes les curiosités. Le journal ne fut plus une lecture, mais un choix de lectures et put espérer toucher par la variété de ses articles le plus grand nombre et intéresser en particulier tous les membres de la famille, les femmes comprises. Autant que l'amélioration de la présentation, particulièrement sensible pour les illustrations, la diversification du contenu fut un moteur de l'évolution de la presse. Les rubriques de grande actualité régressaient proportionnellement au profit de celles de la petite actualité (faits divers, sport et vie locale), des pages « magazine » (spectacles dont le cinéma, jeux, conseils, vie féminine) et des grands reportages romancés.

Un des résultats de cette évolution fut la relative dépolitisation du journal à grand tirage parce que les informations et articles politiques avaient désormais une place proportionnellement réduite et retenaient moins l'attention attirée par les autres rubriques. Les rapports du lecteur avec « son » journal s'en trouvèrent modifiés sans que sa fidélité en soit pour autant affectée. Dans beaucoup de pays et particulièrement en Allemagne et en France, la presse avait beaucoup perdu de son

vent remis en cause ; pour l'essentiel la presse cherchait à réduire et à retarder l'émission des reportages et tout particulièrement les reportages sportifs, à réduire le nombre et la durée des bulletins et à retarder leur émission après le gros de la vente des quotidiens. Au total, ces tentatives n'eurent que des effets limités et temporaires. La presse s'intéressa aussi directement au lancement de stations de radio, surtout aux États-Unis et en France *(Le Petit Parisien* contrôlait le *Poste parisien ; L'Intransigeant : Radio Cité ; Le journal : Radio Île-de-France ; Paris-Soir* était intéressé à *Radio 37).* En Angleterre, le statut de monopole de la BBC ne permettait pas de tels patronages. Les magazines de programmes de radio eurent un succès considérable *(Radio Times* de la BBC tirait à 3 millions en 1937). En 1939, il y avait 9,8 millions de récepteurs en Angleterre ; 31 aux États-Unis ; 10,2 en Allemagne ; et 5,2 millions en France.

prestige aux yeux de ses lecteurs pendant la guerre de 1914-1918 pour avoir servi d'instrument de propagande : ils ne se détournèrent pourtant pas de lire les « canards », mais leur attachement n'était plus soutenu par une relative adhésion aux idées politiques de leur journal, mais plus simplement par la satisfaction de curiosités, de goûts ou d'habitudes étrangères à la politique et au civisme. La politique était de plus en plus, dans les grands journaux, offerte « par-dessus le marché ». Les bandes dessinées jouaient désormais un peu le rôle des anciens romans-feuilletons pour assurer la fidélité de l'achat du lecteur curieux du « à suivre ».

La presse qui restait une puissance n'était déjà plus un pouvoir. Elle pouvait encore influencer les modes de vie et de pensée, elle devenait incapable de former et de diriger les opinions.

2. **L'accentuation des différences nationales et la remise en cause des principes libéraux.** — La diversification des publications et leur adaptation de plus en plus précise aux goûts et curiosités de leurs lecteurs accentuèrent les différences nationales ; par ailleurs, l'évolution politique, désormais divergente des pays occidentaux, les accrut dans des proportions énormes. La naissance des régimes autoritaires, et dans les démocraties, la contestation des règles du libéralisme classique, reposaient les principes de la liberté de la presse. Aussi bien les doctrines des nouveaux partis totalitaires de l'extrême gauche ou de l'extrême droite reniaient les principes mêmes de la démocratie et les risques qu'offrait la libre diffusion de leur propagande posaient des problèmes d'un type nouveau.

En France, en particulier, les insuffisances de la loi de 1881 furent souvent critiquées, tant pour la faible protection qu'elle assurait aux personnes privées ou publiques contre les diffamations et les outrages des journaux, que pour la mainmise qu'elle favorisait sur les organes de la presse par les puissances économiques.

La campagne de diffamation contre Salengro, ministre de l'Intérieur du gouvernement de Front populaire, menée par *Gringoire* et *L'Action française,* avait conduit ce dernier au suicide le 17 novembre 1936. Le gouvernement Blum déposa alors un projet de loi qui aggravait la répression des délits de presse et les correctionnalisait dans de nombreux cas ; il prévoyait aussi un embryon de statut original pour les entreprises de presse et en particulier par la substitution au gérant responsable du chef de l'entreprise, légalement chargé des fonctions de directeur de la publication. Le projet échoua au Sénat en 1937.

3. **Les difficultés économiques et la concentration.** —

La concentration par la disparition ou l'élimination de fait des feuilles de faible tirage par la concurrence des journaux à fort tirage était déjà largement amorcée avant 1914 et, à cette date, existaient dans la plupart des pays occidentaux des groupes de presse importants. Ils étaient les seuls à pouvoir disposer des moyens humains et matériels suffisants pour satisfaire aux exigences du nouveau journalisme, tant pour les quotidiens que pour les périodiques.

La concentration naturellement accélérée par la concurrence fut précipitée par les crises économiques. La dévaluation des monnaies obligea, dans la plupart des pays, les journaux à augmenter leur prix de vente ; ces augmentations furent régulièrement suivies d'une diminution des ventes et seules les entreprises les plus solides purent résister à ces à-coups. La crise économique de 1929-1930 eut des effets catastrophiques sur les journaux car elle diminua à la fois leur diffusion et leurs recettes publicitaires. L'augmentation des coûts de fabrication liée au renchérissement des matières premières, à l'amélioration quantitative et qualitative du contenu, et aussi à l'accroissement des charges salariales car la pression syndicale, désormais très cohérente et très puissante, fut dans la presse particulièrement forte, favorisa aussi la concentration.

4. **Les transformations techniques.** — Depuis la mise au point des premières rotatives puis des linotypes, leurs progrès avaient été réguliers et l'impression typographique des journaux gagna en rapidité malgré les augmentations considérables de la pagination des exemplaires. Les matériels coûteux et encombrants nécessitaient des investissements mobiliers et immobiliers considérables qui furent indirectement une des causes de la concentration. La puissante organisation syndicale des ouvriers typographes[1] commençait à imposer des normes de travail assez basses qui, dans tous les pays occidentaux, augmentaient considérablement les coûts de fabrication.

La *typographie* restait la forme d'impression la plus utilisée par la presse mais déjà l'*héliogravure* et l'*offset* faisaient de rapides progrès. Ces deux dernières techniques étaient réservées aux magazines. Les progrès de l'héliogravure contribuèrent à rendre plus profonde encore la différence entre la presse quotidienne et la presse périodique et ce, d'autant plus, que le procédé était mieux adapté à l'impression en couleur.

Chaque imprimerie de presse disposait désormais d'ateliers spécialisés de photogravure et la part de l'illustration dans les journaux ne cessa de croître : cette évolution déjà esquissée depuis le début du siècle transforma la physionomie des journaux et l'attrait de ce qui n'était déjà plus seulement de la « lecture ».

Le développement du *belinographe* avait généralisé dès 1925 la transmission des photographies à distance.

L'apparition du téléphone dans les années 1880 et sa généralisation avaient déjà profondément modifié les pratiques du

---

1. La longue grève des typographes parisiens en novembre 1919 à Paris marqua la première grande étape de la revendication de la Fédération du livre : elle servit de leçon tant pour les ouvriers du livre que pour les patrons.

journalisme d'information. Son emploi, désormais courant après la guerre de 1914-1918, apporta un style nouveau au reportage et donna, dans la presse américaine d'abord, puis en Europe, naissance aux sténographes de presse et à la pratique de *rewriting,* c'est-à-dire de la rédaction ou de la remise en forme des « papiers » des journalistes par des rédacteurs sédentaires spécialisés.

La révolution des transports par les véhicules automobiles permettait d'atteindre les zones rurales les plus éloignées et, pour les journaux des grandes villes, d'élargir leur zone de diffusion.

5. **Les agences de presse.** — La guerre avait fortement compromis les accords entre les agences. Au lendemain de la guerre, Havas et Reuter tentèrent de les renouveler, mais la renaissance des nationalismes, les exigences des nations totalitaires et l' « impérialisme » des agences américaines, ne permirent pas de redonner au système de « partage du monde » la vigueur et l'efficacité qu'il avait en 1900. La concurrence devint la règle et les rivalités commerciales se doublaient désormais de rivalités politiques car l'agence se révélait un excellent instrument de propagande que tous les États, y compris en Europe les plus petits, tenaient à contrôler.

Dès 1934, on peut considérer que les accords péniblement remis sur pied en 1919 avaient cessé d'exister ; même entre Havas et Reuter la concurrence se manifestait, mais elle restait courtoise. Les progrès de la TSF permirent de créer, à côté du réseau télégraphique par câbles, des services par radiotélégraphe.

A) *Les agences américaines.* — La suprématie de l'*Associated Press* était désormais contestée par l'*United Press.* Cette dernière, très active, menait par le monde la chasse aux nouvelles et aux clients sans être gênée par le moindre accord avec quiconque. L'*International News Service* avait une importance secondaire.

L'*AP* resta fidèle à son système coopératif alors que l'*UP* et l'*INS* fonctionnaient selon des critères commerciaux ordinaires. L'importance désormais prise par les agences américaines dans le monde était le signe de la puissance nouvelle des États-Unis. Leurs services photos étaient très supérieurs à ceux de leurs concurrents.

B) L'*Agence Reuter* conservait une place considérable sur le marché et ses services financiers restaient d'une excellente qualité. En 1926, la *Press Association,* organisme patronal des journaux de province, prit une importante participation à son capital : elle se chargea désormais de la collecte des nouvelles intérieures. En 1941, la *Newspaper Proprietors Association,* organisme patronal de la presse londonienne, devint actionnaire de l'agence qui prit alors un caractère coopératif ; après la guerre, les associations patronales de différents pays du Commonwealth y participèrent.

C) *Les agences allemandes :* la *Continental Telegraphen* (ancienne Agence Wolff) eut dès 1913 à supporter la concurrence de la *Telegraphen Union* du groupe Hugenberg et en 1914 fut créée la *Transozean Gesellschaft,* agence officielle qui transmettait des informations allemandes, par radio, par-delà le blocus de l'information auquel les Alliés avaient soumis l'Allemagne. Cet organisme subsista sous le régime nazi, mais dès 1934 la *Continental* et *L'Union* fusionnèrent dans le *Deutsches Nachrichten Büro,* soumis au contrôle des Services de la propagande de Gœbbels.

D) *L'Agence Havas.* — La vie de l'agence dans l'entre-deux-guerres fut pleine de difficultés. En 1920, la SGA et l'Agence Havas furent définitivement unies en une seule société anonyme. La branche information fut alors souvent en déficit et après 1930 les bénéfices de la branche publicité s'amenuisèrent. Jusqu'en 1924, l'importance diplomatique de Paris et le prestige de la Victoire permirent à Havas de retrouver sa place dans le Monde. Mais, dès 1925, la concurrence fut rude et le déficit de la branche information s'accentua. La nécessité de faire entendre dans le Monde, livré aux propagandes, la voix de la France, conduisit les gouvernements à la subventionner dès au moins 1931 où Léon Rollin, des Affaires étrangères, fut chargé de réorganiser les réseaux de l'agence à l'étranger. En 1936, un assez grave conflit surgit entre Havas et le gouvernement de Front populaire qui lui reprochait d'avoir des attaches trop précises avec des journaux de l'opposition de droite. En juillet 1938, les Affaires étrangères prirent entièrement à leur charge le déficit de la branche information, dernière étape avant la nationalisation réalisée en novembre 1940 par le gouvernement de Vichy.

II. — La presse américaine
à l'ère des chaînes de journaux

La presse américaine de l'entre-deux-guerres poursuivit un essor remarquable, freiné cependant, après 1930, par la crise économique. Le tirage de ses quotidiens passa de 24,2 millions en 1910 à 27,8 en 1920, à 39,5 en 1930 et à 41,1 en 1940. Entre 1920 et 1940, le tirage des journaux du dimanche, à la pagination énorme, parfois supérieure à 250 pages en 1930 déjà, passa de 17 à 32,4 millions. De 1910 à 1940, le nombre des quotidiens passa seulement de 2 430 à 1 848. La règle restait celle du journal local. Les grandes chaînes de journaux qui naquirent avant 1914 se développèrent jusque vers 1940. Treize chaînes regroupaient 62 quotidiens en 1910 ; en 1930, 55 contrôlaient 311 quotidiens ; en 1945, 56 chaînes en possédaient 300. Elles créèrent aussi des stations de radio. La crise de 1930 ralentit cette évolution et dès 1937, par exemple, le groupe Hearst était pratiquement en état de liquidation. Ses journaux avaient joué un rôle politique très important : républicains, ils furent très hostiles à l'expérience Roosevelt. Hearst fut viscéralement anticommuniste, francophobe et germanophile.

Les tabloïds. — La presse quotidienne fut marquée par la naissance d'une formule nouvelle de presse bon marché : le *tabloïd,* au demi-format des journaux ordinaires (*i.e.* celui du *Petit Journal* à l'origine) et à pagination réduite.

Ces nouvelles feuilles aux articles très courts, aux énormes titres, abondamment illustrés, recherchant le sensationnel, traitaient peu de politique mais sur un ton passionné ; destinées à la clientèle pressée des grandes villes et aux immigrants mal alphabétisés en anglais, elles atteignirent des tirages jusqu'alors ignorés de la presse américaine. Le *NY Times* avait déjà tenté cette expérience, qui présentait bien des similitudes avec celle de la presse à 5 centimes parisienne de la fin du Second

Empire, en 1901 : elle avait échoué. Elle fut reprise en 1919 par le *New York Daily News* lancé par les propriétaires du *Chicago Tribune.* Il tirait à plus d'un million et demi en 1930. Le NY *Daily Mirror* du groupe Hearst et l'*Evening Graphic* suivirent son exemple.

L'ancienne presse pâtit dans les grandes villes de cette concurrence nouvelle mais les journaux de qualité comme le NY *Times,* le NY *Herald Tribune* ou le *Christian Science Monitor* fondé à Boston en 1908, élargirent au contraire leur audience. En 1937, leur tirage était respectivement de 472 000, 327 000 et 120 000 exemplaires.

Le monde des périodiques subit aussi de profondes transformations.

Le succès de la très originale formule du mensuel de lectures, le *Readers Digest,* lancée par Dewitt Wallace en 1923, tenait à son art de « condenser » les livres. Les *news magazines* représentèrent une innovation dont le succès devait, après la guerre, s'étendre à tout le monde occidental. Le premier fut *Time,* hebdomadaire de 70 pages à 20 cents, lancé en 1923 par Henri Luce et Briston Hadden ; *Newsweek* et US *News* adoptèrent sa formule. Luce, sur la lancée du succès de *Time,* créa en 1930 *Fortune,* mensuel de l'actualité économique, puis en 1936, *Life,* magazine d'informations illustré qui, s'inspirant de la formule de l'illustré français *Vu,* allait la porter à un degré rare de perfection ; *Look* de Cowles marcha sur ses traces. On assistait, à la veille de la guerre, à une extraordinaire concurrence dans le monde des magazines où le vieux *Collier's* perdait son audience, cependant que le *New Yorker* américanisait la formule du *Punch* londonien.

III. — **Les groupes de la presse britannique dans la course aux tirages**

Le tirage des quotidiens londoniens passa de 5,4 millions en 1920 à 8,5 en 1930 et à 11,5 millions en 1939. La presse de province suivit un développement comparable, passant de 2,5 à 6 millions, avec une prépondérance écrasante des journaux du soir. Quant à la presse du dimanche, ses progrès furent freinés par cette rapide augmentation et ses tirages globaux sont restés stables à quelque 13 millions d'exemplaires.

Les groupes des journaux des *Press Lords* étaient sortis renforcés de la guerre. La mort de Northcliffe en 1922 allait modifier la physionomie de la grande presse. Le *Times* fut, après bien des péripéties, vendu à Astor (qui devint vite lord) pour 1,58 million de livres : celui-ci, pour que le journal ne puisse « tomber entre des mains indignes », créa un *board of Trustees* (conseil de surveillance) composé d'éminentes personnalités de l'*establishment,* chargé, entre autres, de veiller à l'indépendance du journal. Son rédacteur en chef, Geoffrey Dawson (de 1922 à 1941) le fit pencher vers le conservatisme et, par anticommunisme vers la politique de concession à l'Allemagne hitlérienne. Ses tirages restèrent inférieurs à 200 000 exemplaires.

Lord Rothermere reprit l'héritage de son frère. Dans les feuilles de son groupe, le *Daily Sketch,* l'*Evening News* et surtout le *Daily Mail,* il défendit une politique très favorable à l'Allemagne nazie. Le succès du *Daily Mail* en fut ralenti et en 1937 il ne tirait qu'à 1,6 million ; Rothermere, qui avait échoué dans sa tentative de créer un réseau de journaux du soir, dut aussi abandonner le *Daily Mirror* qui fut repris par son rédacteur en chef Harry Bartholomew et Cecil King. Il tirait alors à 730 000 exemplaires ; sous sa nouvelle direction, il atteignit 1,3 million en 1940 et son succès devait s'affirmer pendant la guerre où il fut un des plus sévères critiques de l'action de Churchill : il tirait à 2 millions en 1944.

Lord Beaverbrook mena le *Daily Express* au succès : cette feuille conservatrice tirait en 1937 à 2,2 millions d'exemplaires ; le groupe comptait aussi *Sunday Express* et l'*Evening Standard.*

Le *Daily Herald,* que la guerre avait condamné à devenir hebdomadaire, reprit quelque vigueur en 1922 lorsqu'il devint, avec l'appui des *Trades Unions,* l'organe du Parti travailliste. Des difficultés financières le conduisirent à un accord avec le groupe Odhams Press qui acquit 51 % des actions de sa nouvelle société, les 49 % restants étant propriété des *Trades Unions.* Sous la direction de J. S. Elias, futur lord Southwood, qui, en 1929, avait remplacé Lansbury à sa tête, et tout en restant fidèle à la ligne du *Labour Party,* le journal atteignit les 2 millions d'exemplaires en 1937.

La presse libérale retrouva sa vigueur avec le *News Chronicle,* né en 1930 de la fusion du vieux *Daily News,* du *Daily Chronicle* et de la vénérable *Westminster Gazette* : il atteignit un tirage supérieur à 1,4 million en 1939. Quant au *Daily Telegraph,* il fut racheté en 1928 par les frères Berry qui avaient fait leur fortune dans la presse de province et les magazines. Le premier devint lord Camrose et racheta le *Sunday Times* ; le second fut fait lord Kemsley et se sépara de son frère en 1937 ; il avait repris une partie des anciens journaux de lord Rothermere, dont le *Daily Sketch.*

En province, le développement des tirages de la presse nationale n'empêchait pas la constitution de groupes de journaux parfois rattachés à ceux de Londres.

Cet assez extraordinaire développement de la presse britannique n'alla pas sans une baisse de sa qualité. La concurrence acharnée des journaux et des groupes entre eux conduisit à une exploitation du sensationnel qui éloignait la plupart de ces feuilles des traditions du journalisme anglais. Cette nouvelle presse était bien proche de celle des *tabloïds* américains, mais elle restait foncièrement insulaire dans ses idées et dans ses options politiques.

IV. — La relative stagnation de la presse française dans l'entre-deux-guerres

1. **Les grandes lignes de l'évolution.** — A) *Le marché de la presse.* — Par rapport à celle de la presse des pays anglo-saxons, l'évolution de la presse française fut très originale. Les progrès de ses tirages entre 1920 et 1939 furent faibles. Celui des quotidiens passa de 10 à 12 millions dont 50 % étaient, à la veille de la guerre, assurés par les quotidiens de province. Encore le succès de *Paris-Soir* masquait-il un très sensible recul de l'ensemble des autres titres parisiens. Il semble que, dès cette période, le marché des quotidiens était pratiquement saturé alors qu'il était en pleine expansion en Angleterre et aux États-Unis. Tout se passe comme si le public français se refusait à accepter les excès de la presse à sensation qui furent dans ces pays le moteur des progrès quantitatifs de la presse.

Quant à la presse magazine, la multiplication de ses titres, les succès des périodiques littéraires et artistiques, sportifs, féminins, celui des journaux d'enfants voués après 1934 à l'exploitation des bandes dessinées, des magazines de cinéma et de radio, le renouvellement des périodiques illustrés d'informations générales, sont les signes d'un développement impossible à quantifier, mais qui fut sans doute une des causes de la relative stagnation du marché des quotidiens.

Une des caractéristiques essentielles de cette évolution fut le succès des hebdomadaires politiques. Avant 1914, leurs tirages restaient confidentiels, après la guerre, au contraire, le déclin de la presse quotidienne d'opinion, condamnée par l'évolution économique, favorisa leur développement : le périodique devint l'organe naturel des groupes politiques et certains d'entre eux, qui se rattachaient plus à des tendances politiques qu'à des partis, eurent des succès considérables et qui ne furent pas toujours éphémères.

B) *Les difficultés économiques et les limites de la concentration.* — La lente dévaluation entraîna une augmentation sensible du prix de vente des journaux[1], et les charges crûrent considérablement. Les difficultés entraînèrent une diminution relativement lente du nombre des quotidiens qui passa à Paris de 40 à 32 et en province de 220 en 1920 à 175 en 1939. Mais on n'assista pas, en France, à un mouvement de concentration comparable à celui des autres pays occidentaux. La raison essentielle en fut, sans doute, la solidité des entreprises de presse de province que la guerre avait consolidées par suite des difficultés de diffusion de la presse parisienne dans les départements et qui trouvèrent dans l'automobile un instrument remarquable de promotion de leurs ventes dans les petites villes et les campagnes.

Il ne se constitua donc pas en France de chaînes de journaux comme aux États-Unis ou en Allemagne et aucun des grands journaux parisiens ne réussit à atteindre en province une diffusion comparable à celle des géants de la presse anglaise. Certes, les anciens groupes, ceux du *Petit Parisien,* de la *Bonne Presse,* ou celui, plus récent, de la presse communiste, étaient importants ; certes, aussi, des quotidiens parisiens étaient associés à des périodiques, mais ces groupes gardaient des dimensions relativement modestes. Seule l'expérience *Paris-Soir* semble avoir

---

1. Les quotidiens se vendirent 10 centimes en 1917, 15 en 1919, 20 en 1920, 25 en 1925, 30 en 1936, 40 en 1937, 50 en 1938, 1 F en 1941. Toutes les augmentations furent suivies d'un recul sensible de la vente, partiellement compensé par une lente reprise les mois suivants.

apporté en ce domaine des perspectives nouvelles, mais la guerre vint stopper brutalement son développement en plein succès. Quant à la tentative Coty, elle ne fut que la médiocre caricature des expériences de Hearst ou de Beaverbrook.

Il y avait cependant eu la tentative du *Consortium des cinq grands* au lendemain de la guerre pour monopoliser à leur profit le marché de la presse quotidienne parisienne. Le rapprochement réalisé pendant la guerre entre *Le Petit Parisien, Le Matin, Le Petit Journal, Le Journal* et *L'Écho de Paris* sous l'égide de l'Agence Havas et des Messageries Hachette, conduisit à étendre ces accords : le couplage publicitaire des cinq journaux, leur entente pour la diffusion commune en province et leur renoncement à se concurrencer par les ruineuses campagnes de promotion des ventes, auraient pu conduire à la création d'un groupe redoutable mais les réticences de l'Agence Havas, dont les principaux clients restaient les journaux de province, et surtout celles du groupe du *Petit Parisien* trop puissant pour accepter des limitations à son indépendance, ruinèrent cette tentative qui, après 1930, se limitait à quelques accords secondaires. L'affaire de *L'Ami du Peuple,* avait temporairement, en 1928, contribué à resserrer les liens du *Consortium.*

C) *La remise en cause de la loi de 1881.* — Les insuffisances de la loi de 1881 furent souvent soulignées mais aucun projet de réforme n'aboutit ; la tendance à la multiplication et à la correctionnalisation des délits de presse ne fut finalement que très secondaire dans ses effets immédiats. En 1936, une tentative, par le gouvernement Blum, d'établissement d'un statut spécifique de l'entreprise de presse, échoua finalement l'année suivante au Sénat. Le seul texte législatif important fut le vote du statut des journalistes professionnels le 29 mars 1935, acquis grâce à l'action du Syndicat national des journalistes, fondé en mars 1918.

2. **La vie des journaux nationaux.** — A) *Les cinq grands.* — *Le Petit Parisien* et le groupe de la rue d'Enghien – dont *L'Excelsior* quotidien, *Nos Loisirs* et *Le Miroir* magazines – poursuivirent, après la mort de Jean Dupuy en 1919, sous la

direction de ses fils, une vie prospère, mais la concurrence de *Paris-Soir* et des grands régionaux réduisit lentement ses tirages après 1930. En 1939, il ne tirait plus qu'à environ un million d'exemplaires. En 1921, puis en 1924, *Le PP* tenta de lancer des éditions provinciales. Il dut y renoncer devant la résistance des grands régionaux. Les participations qu'il prit dans la presse de province dans les années 1930, ne présentaient pas les caractéristiques d'une véritable chaîne de journaux.

Le Petit Journal poursuivit sa décadence : il passa entre les mains de Loucheur puis de Patenôtre et, enfin, en 1938, du colonel de La Rocque qui en fit l'organe des Croix-de-Feu. Il ne tirait plus qu'à 175 000 exemplaires en 1939.

Le Matin perdit aussi de son audience. Il ne tirait plus qu'à 300 000 en 1939. Bunau-Varilla l'orienta vers l'anticommunisme et l'antisocialisme. Son antiparlementarisme eut une importance considérable, en particulier lors du 6 février 1934.

Le Journal, passé en 1925 entre les mains des papeteries Darblay, de l'Agence Havas et de la Banque de Paris et des Pays-Bas, eut une vie calme ; feuille nettement engagée à droite, il vit aussi son audience baisser. Il ne tirait plus qu'à 400 000 exemplaires en 1939.

L'Écho de Paris ne sut pas non plus conserver l'audience assez extraordinaire que la guerre lui avait assurée. Feuille nationaliste, il resta sous la direction d'Henri Simond ; les articles de politique étrangère de Pertinax étaient très écoutés. En crise depuis 1937, il se fondit alors avec *Le jour* de Bailby, alors que sa rédaction, avec Henri de Kerillis, fonda *L'Époque* qui fut à droite, avec *L'Ordre* de Buré, une des rares feuilles antimunichoises.

B) *La presse Coty.* — L'irruption de François Spoturno, richissime parfumeur corse, célèbre sous le nom de Coty, dans la presse française, fut un épisode très curieux. Après avoir racheté *Le Gaulois* qu'il fusionna en 1929 avec *Le Figaro,* qu'il avait acquis en 1922, il voulut se lancer dans la politique mais la clientèle de ces deux journaux de qualité ne pouvait aider ses ambitions. Il lança donc en mai 1928, *L'Ami du Peuple* à 10 centimes contre 25 centimes pour les autres où il mena des campagnes assez incohérentes autour d'idées vaguement inspirées du fascisme italien. Boycotté par le *Consortium*, son journal, mal rédigé, ne put conserver les 800 000 acheteurs qu'il avait gagnés. Ruiné par la crise de 1930, Coty dut abandonner son journal en 1933. Il mourut en 1934 et son journal périclita entre les mains de Taittinger.

C) *La presse de droite.* — Si l'on excepte les feuilles d'hommes politiques comme l'éphémère *Écho national* de Tardieu, disparu en 1924, comme *La Liberté,* reprise par Doriot pour le compte du PPF en 1937, l'organe le plus important de la droite après *L'Écho de Paris* fut *L'Intransigeant* de Léon Bailby qui sut conserver jusqu'en 1930 les 300 000 acheteurs que la guerre lui avait apportés. En 1931, chassé de son journal, Bailby lança *Le Jour* qui tirait à 185 000 en 1939, alors que *L'Intransigeant* était tombé à 130 000. *L'Action française* restait le grand journal aux polémiques insolentes. Son audience fut fortement réduite par la condamnation de ses doctrines par Pie XI en 1926 mais il resta toujours à la pointe du combat contre la République avec Léon Daudet et Charles Maurras.

La véritable force de la presse de droite était dans ses hebdomadaires. *Candide* lancé par A. Fayard, l'éditeur et dirigé par Jacques Bainville puis par Pierre Gaxotte, atteignit des tirages avoisinant le demi-million. *Gringoire,* plus violent avec H. de Carbuccia et Henri Béraud, très anglophobe et antisémite, tira à plus de 800 000 en 1937. Quant à *Je suis partout,* il fut l'organe français le plus proche des fascismes : il poursuivit sa carrière dans la collaboration.

D) *La presse catholique.* — Avec un tirage stable aux alentours de 170 000 exemplaires, *La Croix* resta le grand organe catholique français. La crise soulevée dans sa rédaction par la condamnation de *L'Action française* aboutit à la nomination d'un nouveau directeur en 1927, le P. Merklen, qui modéra les positions du journal. *La Bonne Presse* multiplia aussi ses publications ; son réseau des *Croix locales* hebdomadaires et l'agence de la *Presse régionale* lui assuraient une grande influence sur le clergé et l'opinion catholique de province. *La Vie catholique,* magazine lancé en 1924 par Francisque Gay et *L'Aube* qui vécut quotidienne de 1932 à 1940, servirent d'organes aux démocrates chrétiens qui devaient avoir une si grande importance dans la naissance du MRP après la guerre. *La Jeune République,* quotidien lancé en 1920, fut l'organe des anciens sillonnistes et de Marc Sangnier. *Sept,* hebdomadaire de « la gauche » catholique lancé en 1934, succomba en 1936 sous les coups de la hiérarchie et son héritage fut repris par *Temps présents.* Quant à *La France catholique,* elle était l'organe hebdomadaire de la très conservatrice Fédération nationale catholique.

E) *La presse du centre.* — Le *Journal des Débats,* de Nalèche, perdait ses derniers lecteurs. *Le Temps* qui était toujours « le plus grand journal de la République » ne dépassa pas 75 000 exemplaires de tirage mais il ne suivit pas l'évolution à gauche des gouvernements dans les années 1930. Il est vrai que depuis 1929, après divers avatars, sa propriété était tombée entre les mains du *Comité des houillères* et du *Comité des forges* qui imposèrent à sa tête, en 1931, Jacques Chastenet et Émile Mireaux. Il fut très nettement munichois.

F) *La presse de gauche.* — L'expérience du *Quotidien,* lancé en 1923 par Henri Dumay, avec l'appui de la clientèle du *Progrès civique,* hebdomadaire très lu par les instituteurs et la petite bourgeoisie radicale et socialiste, fut très originale ; ce « journal honnête pour les honnêtes gens » trouva assez vite 350 000 acheteurs. Il fut un des artisans de la victoire du cartel des gauches en 1924 et il comptait, avec Georges Boris, un des plus solides journalistes français de la période. En 1926, la révélation que Hennessy, le distillateur, était en fait le vrai commanditaire du *Quotidien,* entraîna le départ de sa rédaction qui fonda *La Lumière,* hebdomadaire. En 1927, le scandale de *La Gazette du franc* de Marthe Hanau l'éclaboussa et il perdit très vite son audience.

L'Œuvre de Gustave Tery, puis de Jean Piot, fut le plus grand organe du radicalisme. Elle tirait régulièrement à plus de 200 000 exemplaires. Le Parti radical, en plus de quelques organes sans grande audience comme *L'Ère nouvelle,* dévouée à Herriot, ou *La République* inspirée par Daladier, pouvait aussi compter en province sur *La Dépêche de Toulouse, La France de Bordeaux, Le Progrès de Lyon* et de nombreuses autres feuilles.

Le Parti socialiste, privé de *L'Humanité,* qui en 1920 était passée aux mains du Parti communiste, prit comme organe *Le Populaire de Paris,* dont la vie, comme celle de toute la presse de la SFIO, fut difficile. Il n'atteignit 300 000 exemplaires que lors du gouvernement du Front populaire, Léon Blum fut son directeur politique de 1927 à 1940. En province, les feuilles socialistes comme *Le Réveil du Nord* étaient plus solides.

Les hebdomadaires de la gauche n'eurent pas un succès comparable à ceux de la droite mais ils eurent aussi des titres remarquables comme *La Lumière* ou *Vendredi* qui, avec André Chamson, Andrée Viollis et Jean Guehenno, furent l'organe de combat du Front populaire. Mais la plus grande réussite fut *Le Canard enchaîné* qui, sous la direction de Maurice Maréchal, atteignit un tirage de 200 000 exemplaires.

La presse communiste eut des tirages plus élevés que ceux des feuilles de la SFIO, alors que pourtant les succès électoraux des socialistes étaient plus grands que ceux du PC. *L'Humanité,* passée entre ses mains après le Congrès de Tours, eut sous la direction de Marcel Cachin une vie agitée. Après les successives épurations de sa rédaction entre 1920 et 1927, elle eut de 1927 à 1937, avec Paul Vaillant-Couturier, un remarquable animateur qui fut, à sa mort en 1927, remplacé par Gabriel Péri et Georges Cogniot. En 1929, une crise très grave, à la suite de poursuites et de la liquidation de la Banque ouvrière et paysanne, entraîna la mobilisation des militants et la création des *Comités de défense de « L'Humanité »*. Le succès du journal s'affirma : il tirait à 350 000 exemplaires en 1939 lorsque le 26 août le gouvernement Daladier le supprima avec toute la presse communiste à la suite de la signature du pacte de non-agression germano-soviétique. *Ce Soir,* quotidien lancé sur la formule de *Paris-Soir* en 1937 et dirigé par Aragon et J.-Richard Bloch, eut un rapide succès puisqu'il atteignit 300 000 exemplaires en 1939. La presse communiste comptait aussi un grand nombre de périodiques dont le magazine illustré *Regards*. Mais le PC n'avait en province que des hebdomadaires et pas un seul quotidien.

3. **« Paris-Soir »**. — Jean Prouvost, industriel du Nord, avait fait ses débuts dans la presse en rachetant *Paris-Midi* en 1924. En 1930, il racheta *Paris-Soir,* créé en 1923 par Eugène Merle comme feuille de gauche mais qui, sans trouver le succès, avait en sept ans usé quatre commandites. *Paris-Soir* tirait alors à 60 000 exemplaires. Entouré d'une équipe où se distinguèrent Gabriel Perreux, Raymond Manevy, Pierre Lazareff et Renaudon, le responsable du service photographique, il en fit un quotidien d'informations illustrées. Son tirage monta à 134 000 en 1931, à 1 million en 1933, à 1,8 million en 1939 et à 2 millions en 1940. La formule du journal fut sans cesse perfectionnée. La place accordée à l'illustration, la mise en page plus claire, l'usage des titres, la qualité et l'abondance des informations sportives, la recherche du sensationnel, et parfois du sang à la une – mais sans les excès de la presse anglo-saxonne –, la qualité de ses reportages, son style direct, surprirent le public puis l'attirèrent. L'optimisme de ses informations politiques, en particulier lors de Munich, contribua à rassurer l'opinion alors que la gravité de la situation politique aurait exigé une attitude plus réaliste. Son succès bouleversa le marché de la presse

française où, pour la première fois, un journal de l'après-midi atteignit les grands tirages.

Jean Prouvost reprit *Match,* magazine sportif de *L'Intransigeant,* en 1938, dont il fit un magazine d'informations générales illustré : un an après il tirait déjà à 1,1 million et *Marie-Claire,* magazine féminin du groupe, à 985 000.

Le succès de ce nouveau journalisme obligea la plupart des autres journaux à suivre son exemple et à modifier entièrement leur présentation.

4. **La presse de province.** — Les principaux facteurs et caractères de son développement ont déjà été évoqués. Le succès des grands régionaux était aussi dû à la multiplication des pages locales de leurs nombreuses éditions qui leur assuraient une supériorité décisive sur les journaux parisiens qui ne pouvaient satisfaire cette naturelle curiosité du public provincial.

Si aucun titre n'avait encore pu atteindre des positions de monopole comparables à celles de nos journaux actuels, déjà dans les grandes villes, neuf quotidiens, souvent très anciens, dépassaient un tirage de 150 000 exemplaires en 1939 : *Ouest-Éclair* à Rennes (350 000), *L'Écho du Nord* à Lille (330 000), *La Petite Gironde* à Bordeaux (325 000), *Le Petit Dauphinois* à Grenoble (280 000), *La Dépêche de Toulouse* (270 000), *Le Réveil du Nord* à Lille (250 000), *La France de Bordeaux* (235 000), *Le Progrès de Lyon* (220 000) et *Le Petit Provençal* de Marseille (165 000).

V. — **La presse allemande, des « Konzern » à la servitude**

La guerre et ses suites et l'énorme inflation portèrent à la presse allemande des coups très durs.

La stabilisation économique des années 1924 à 1929 permit de découvrir le nouveau visage d'une presse allemande toujours aussi divisée en une multitude de journaux dont aucun n'avait de véritable audience nationale, mais concentrée au-delà du raisonnable en un nombre relativement réduit de groupes.

Les difficultés politiques n'avaient pas permis au régime libéral promis par l'article 118 de la Constitution de Weimar et confirmé par une loi de 1920 de fonctionner normalement : à plusieurs reprises son application fut suspendue par l'état d'exception.

Les groupements de l'industrie allemande s'étaient déjà intéressés à la presse mais *Die Post* qu'ils inspiraient à Berlin depuis 1865 n'eut jamais une grande audience. Hugenberg, directeur chez Krupp qu'il quitta en janvier 1919, se chargea de créer un énorme réseau de presse. Dès 1913, il racheta le *Berliner Lokal-Anzeiger* puis, à la demande de Guillaume II lui-même, en 1916, l'ensemble du groupe d'Auguste Scherl. Le nouveau *Konzern,* qui défendit pendant la guerre une politique d'annexions, qui contrôla dès la fin de la guerre l'agence d'information *Telegraphen Union* fondée en 1913 et l'agence de publicité *Ala,* puis constitua un groupe de production cinématographique autour de l'*UFA* (Universum Film AG) en 1926-1927, étendit son action à la presse de province par l'intermédiaire de la Société *Vera*. En 1930, le *Konzern* Hugenberg contrôlait directement ou indirectement près d'un quart de la presse allemande. Très nationaliste et conservateur, il favorisa l'ascension d'Hitler.

Le *Konzern* d'Otto Wolff de Cologne, financé aussi par certains industriels de la Ruhr, constitué autour de la *Kölnische Zeitung* et de *Die Zeit,* l'organe de Stresemann, fut politiquement weimarien.

Le *Konzern* de Hugo Stinnes qui avait de nombreuses autres activités, fut aussi très actif dans le monde des journaux, mais il s'effondra en 1925 après une retentissante faillite ; beaucoup de ses titres furent absorbés dans le groupe d'Hugenberg.

Les anciens groupes Ullstein et Mosse résistèrent assez bien et furent le refuge des idées libérales traditionnelles, avec les deux autres groupes de la *Frankfurter Druckerei* et de la très importante *Deutsche Provinz Verlag* du Dr Hummel.

La presse du centre catholique comptait en 1929 près de 450 titres dont la *Germania* et la *Kölnische Volkszeitung* étaient les chefs de file. La presse socialiste, qui comptait en 1928 plus de 200 titres, dont *Vorwärtz (En avant)* et la *Münchner Post,* avait 1,25 million d'abonnés en 1928 ; la plupart de ces journaux étaient la propriété du parti mais leur situation financière n'était pas particulièrement brillante. Quant au Parti communiste, derrière *Die rote Fahne (Le Drapeau rouge),* son organe officiel, sa presse s'appuyait sur le groupe Munzenberg qui regroupait une centaine de publications. Leur audience fut réduite par une série de décrets-lois en 1931 et 1932. Les nazis avaient fondé leur *Völkischer Beobachter (L'Observateur populaire)* en 1920 à Munich ; il devint quotidien en 1923 ; ils pouvaient compter en 1929 sur 3 quotidiens et 40 hebdomadaires dont la vie difficile fut irrégulièrement soutenue par les subventions financières des milieux nationalistes.

L'arrivée des nazis au pouvoir en janvier 1933, alors que la presse avait mal supporté les effets de la crise économique, fut suivie d'une « remise en ordre » autoritaire et centralisatrice. Soumis désormais aux censures et consignes du ministère de la Propagande de Gœbbels, encadrés par la *Reichspressekammer,* organisme corporatiste nazi, les journaux allaient, pendant treize ans, se faire les fidèles serviteurs de la dictature. En janvier 1933, 2 700 publications politiques paraissaient en Allemagne : en juillet 1933, il n'en restait que 1 200. La société Eher Verlag dirigée par Max Amann était la maison d'édition du parti nazi : par rachat forcé et suppression de ses concurrents, elle contrôlait en 1939 les deux tiers des journaux allemands dont les principaux restaient le *Völkischer Beobachter* et *Der Angriff.*

VI. — Les débuts de la presse soviétique

La presse russe n'avait jamais connu la liberté depuis sa naissance en 1703.

Le régime tsariste fit toujours peser une rude tutelle sur la presse : contrôle des entreprises, censure tatillonne des contenus, surveillance policière des journalistes. Ce n'est qu'en 1905 que fut, en principe, abandonné le système de l'autorisation préalable.

En 1913, à côté de l'officielle *Gazette de Saint-Pétersbourg* qui remontait à Pierre le Grand, des *Nouveaux Temps,* organe de la bonne société russe et la seule feuille originale, et de *La Gazette de Moscou* dont Katkov avait fait l'organe du panslavisme et de l'alliance française tout en restant attaché à un très étroit conservatisme, il paraissait en Russie quelque 800 publications pour un tirage global de 3,5 millions d'exemplaires. Les feuilles russes les plus célèbres du XIXe siècle furent publiées à l'étranger comme *La Cloche* de Hertzen, mensuelle de 1857 à 1864 éditée à Londres et qui pénétrait en Russie par des voies détournées, ou *En avant* de Lavrov de 1873 à 1877, ou *Iskra (L'Étincelle).* La presse révolutionnaire, si l'on excepte un court épisode libéral de janvier à juin 1905, était clandestine, comme la *Pravda (La Vérité)* publiée régulièrement depuis 1912.

La chute du régime tsariste en pleine guerre permit après avril 1917 une extraordinaire floraison de journaux. Dès novembre 1917, les bolcheviques victorieux entreprirent de contrôler la presse.

Une déclaration du 17 novembre 1917 précisait : « Par "liberté de la presse", le gouvernement ouvrier et paysan entend la libération de la presse du joug du capital, la transformation en propriété de l'État des papeteries et imprimeries, l'attribution à chaque groupe de citoyens qui a atteint un effectif donné d'un droit égal à l'usage d'une part correspondante des stocks de papier et d'une main-d'œuvre correspondante. » Les feuilles d'opposition bourgeoises puis socialistes furent éliminées et le 17 novembre 1918 le premier Congrès des journalistes soviétiques pourra déclarer : « La presse soviétique est entièrement soumise à la tâche essentielle du moment : celle de mettre en vigueur la dictature du prolétariat. »

L'État mit en place très vite des organismes gouvernementaux destinés à diriger la presse : le Département de la propagande dit *Agitprop* (agitation et propagande) ; le *Gosidat,* organe chargé de pallier les multiples difficultés matérielles des journaux en planifiant la distribution du papier et l'installation des imprimeries ; le *Glavlit,* qui prit en 1922 la suite des anciens services de la censure.

Les années du communisme de guerre, 1919-1920, furent très dures pour la presse bolchevique dont les moyens matériels étaient très insuffisants. La pénurie de journaux donna naissance aux feuilles-affiches et autres journaux muraux.

L'organisation de la presse fut calquée sur les nouvelles structures fédérales de l'État soviétique. Les titres se multiplièrent aux différents échelons des régions et des Républiques, mais l'essentiel restait la presse « centrale » dominée par deux quotidiens : la *Pravda* (organe du parti) et les *Izvetzia (Les Nouvelles)* (organe du gouvernement) qui tiraient en 1936 respectivement à 1,9 et 1,6 million d'exemplaires ; elle comportait 45 titres d'un tirage global de 9,7 millions. Dans les Républiques paraissaient alors plus de 9 000 publications d'un tirage global de 28 millions d'exemplaires.

Le contenu de cette presse était naturellement conforme aux directives officielles et les rédactions des grands journaux furent souvent l'objet de « purges » politiques, en particulier sous Staline.

Chapitre VIII

LA PRESSE EN FRANCE PENDANT LA SECONDE GUERRE MONDIALE (1939-1944)

I. — La drôle de guerre et la défaite (août 1939 - juin 1940)

La déclaration de guerre, le 3 septembre, avait été précédée par une série de mesures répressives et préventives, édictées par décrets-lois, puis le 26 août par l'interdiction de la presse communiste et le 28 par l'instauration de la censure. Jean Giraudoux (29 juillet 1939 - 21 mars 1940) puis L.-O. Frossard (21 mars - 6 juin 1940) et Jean Prouvost (6 juin - 15 juillet) assurèrent la direction des services d'information, de propagande et de censure. À la différence d'août 1914, peu de journaux disparurent et la presse s'installa, sans enthousiasme, dans la « drôle de guerre » : ses rapports avec la censure furent beaucoup moins difficiles qu'en 1914. Le 24 mai 1940 furent instituées l'autorisation préalable et une réglementation des conditions matérielles de la publication. L'effondrement militaire de mai-juin 1940 entraîna la mort de nombreuses feuilles à Paris et en province. Les journaux de la capitale se replièrent vers le sud de la France.

II. — La presse sous le régime de Vichy en zone sud

1. Le régime de la presse. — La presse fut étroitement soumise au contrôle des autorités de Vichy. Par l'intermédiaire des services de l'Information qui censuraient déjà les nouvelles et les commentaires ; les journaux recevaient *consignes* et *notes d'orientation* : elles leur imposaient la publication du texte de certains articles (en fixant même les détails de leur mise en page à la une) et « conseillaient » jour par jour certains thèmes à développer. Un bon exemple de cette propagande officielle est fourni par la consigne du début de 1941 concernant les déplacements du maréchal Pétain en province :

« On doit éviter d'employer, pour désigner le chef de l'État, l'expression de "vieillard", même précédée d'une épithète bienveillante comme l' "illustre" ou le "valeureux". On ne doit user que le moins possible aussi de termes qui rappellent son passé militaire, tels que l' "illustre guerrier", le "valeureux soldat", il y a cependant des circonstances pour lesquelles on peut les employer de même que celle-ci : le "vainqueur de Verdun". Il convient, en revanche, de faire ressortir tout ce qui montre la vigueur physique et morale du Maréchal, la bienveillance naturelle de son caractère, sa lucidité, l'intérêt qu'il porte à tous les problèmes... Il n'est pas nécessaire de décrire ces qualités, mais il y a lieu de les montrer en action en faisant parler les faits, comme incidemment. Exemples :

— Le Maréchal s'avance d'un pas alerte et rapide...

— Il prend le plus vif intérêt aux explications qui lui sont données.

— Il accueille avec sollicitude les délégations. »

« ... Il ne faut pas craindre de mettre en valeur ce qui peut exalter le patriotisme des Français dans les propos du Maréchal, tels que "confiance dans l'avenir", "relèvement matériel et moral", "rénovation française", etc. Ne pas manquer aussi de mentionner, s'il en est question, tout ce qui a été fait par le gouvernement depuis le mois de juillet 1940.

« Signaler aussi, sans trop appuyer, les marques de déférence dont le chef de l'État pourra être l'objet de la part des autorités occupantes, le caractère des conversations qu'il aura, "le climat" des entretiens, surtout s'il mérite d'être qualifié favorablement dans le sens de la politique de collaboration. »

Alors qu'à Paris les Allemands avaient constitué l'*Agence française d'information,* l'Agence Havas, repliée à Vichy, fut démembrée en novembre 1940 : ses services d'information repris par l'État furent transférés à un établissement public, l'*Office français d'information.* L'occupation de la zone sud en novembre 1942 accrut encore la rigueur du contrôle sur la presse et les journaux perdirent alors les dernières parcelles de leur liberté : ils ne pouvaient plus qu'être des instruments de propagande quels que fussent les efforts de leurs rédacteurs pour préserver leur indépendance.

2. **La vie des journaux.** — Les restrictions de papier réduisirent, dès 1941, les quotidiens à deux pages et leur format ne cessa de décroître. Leurs tirages baissèrent régulièrement, tant les Français se désintéressaient de leur contenu. Les nouvelles locales et les renseignements administratifs de tous ordres, indispensables à une époque où la vie quotidienne, le ravitaillement en particulier, posait de si difficiles problèmes, constituaient la principale source d'intérêt de ces feuilles.

A) *Les journaux repliés.* — La vie des feuilles parisiennes réfugiées en zone non occupée fut particulièrement difficile. Leur clientèle était très réduite et leur diffusion à travers toute la zone sud se heurtait à de graves obstacles techniques. Leurs rapports avec les autorités de Vichy furent d'autant plus délicats que les journalistes entendaient préserver leur liberté de jugement et les conflits furent nombreux. Ainsi, dès le 24 novembre 1940, Pierre Brisson écrivait, au cabinet du maréchal Pétain :

« L'enthousiasme de commande qu'on voudrait instituer dans la presse, les flatteries constantes à l'égard du vainqueur, les effusions de gratitude, les colonnes d'apothéoses dressées au moindre signe de bienveillance, l'empressement dans l'outrage à l'égard de l'Angleterre, toute cette émulation joyeuse dans la servilité incite le public à réagir. La campagne qui consiste à persuader la France du bonheur d'avoir été vaincue offre peu de chances de succès. »

Le Jour - Écho de Paris fut le premier à se saborder le 31 mars 1942 ; l'invasion des Allemands en zone sud entraîna le sabordage du *Figaro* le 11 novembre 1942 et celui du *Temps* le 29-30 novembre. *Paris-Soir* ne put liquider ses différentes éditions qu'en 1943. *Le Journal, Le Petit Journal, L'Action française, La Croix, Le Journal des Débats* poursuivirent une carrière difficile jusqu'en juin 1944.

B) *La presse régionale.* — Soumis aux mêmes pressions que les journaux repliés, les quotidiens régionaux survécurent difficilement : certains, comme *Le Progrès de Lyon,* se sabordèrent en novembre 1942.

III. — **La presse de la zone nord sous la tutelle allemande**

1. **Le contrôle allemand.** — La presse de la zone nord échappait, en fait, à l'autorité de Vichy, et la diffusion des journaux publiés en zone sud était interdite en zone occupée. Les services de la *Propaganda abteilung* exercèrent une tutelle très sévère. Ils favorisèrent les attaques contre le régime de Vichy et poussèrent les journalistes qu'ils inspiraient, à défendre une politique de collaboration sans nuances. Ils surent habilement jouer des ambitions des écrivains et des hommes politiques à leur service pour donner aux différentes feuilles un semblant d'originalité.

2. **Les journaux de la collaboration.** — *Le Matin,* dès le 17 juin 1940, *L'Œuvre* (de Marcel Déat), le 21 septembre, *Le Petit Parisien,* le 8 octobre, reparurent à Paris. D'autres feuilles naquirent, comme *Le Cri du Peuple* de Doriot, *Les Nouveaux Temps* de

Jean Luchaire, ou *La France socialiste* ; certains hebdomadaires comme *Je suis partout* ou *Au Pilori* se
mirent au service de l'occupant avec un zèle servile.

Les journaux régionaux, eux, furent, à de rares exemples
près, moins systématiquement engagés dans la politique de collaboration, mais ils ne purent même pas être « maréchalistes »
tant ils étaient soumis à la tutelle des nazis.

IV. — La presse clandestine

À côté de la presse officielle qui reflétait de moins
en moins les sentiments et les espérances des Français, les journaux clandestins firent entendre la voix
de ceux, qui, de plus en plus nombreux et décidés,
refusaient la défaite et le régime imposé par
l'occupant. Cette presse de la résistance compta plus
de 1 000 titres : leur histoire est difficile à reconstituer
car ses animateurs furent souvent victimes de la
répression nazie ou vichyssoise. Tracts multigraphiés
à quelques dizaines d'exemplaires, brochures plus ou
moins périodiques, ou véritables journaux de 4 pages
tirés à plusieurs dizaines de milliers d'exemplaires, ces
feuilles exercèrent sur la conscience de leurs lecteurs
une influence considérable. *L'Humanité* reparut clan-
destinement dès le 26 octobre 1939. En 1940, les premières publications furent le fait d'initiatives indivi-
duelles : *Conseils à l'occupé* de Jean Texier (août),
Pantagruel de Raymond Deiss (octobre), *L'Arc* de
Jules Corréard (octobre), *Libération* de Christian
Pineau (décembre). Dès 1941, les feuilles furent souvent l'organe de groupes mieux constitués qui étaient
déjà des mouvements de résistance ; leur nombre ne
cessa de croître et l'on ne peut, sans injustice, faire un
choix parmi elles. Certaines, qui donnèrent naissance
aux grands journaux de la Libération peuvent
cependant être citées : *Libération* (Nord, octobre 1940), *La Voix du Nord* (avril 1941), *Libération*

(Sud, juillet 1941), *Défense de la France* d'Indomitus (août 1941), *Les Cahiers de Témoignage chrétien* (novembre 1941), *Combat* (décembre 1941), *Le Franc-Tireur* (décembre 1941), *Les Lettres françaises* (mai 1942), *Le Populaire* (mai 1942), *Bir Hakeim* (mars 1943)...

Le *Bulletin d'informations générales,* organe du Bureau d'information et de presse du CNR, parut dès avril 1942 et servit à renseigner le monde libre sur la situation en France occupée et sur l'action de la Résistance. En novembre 1943, *La Fédération nationale de la presse clandestine* se constitua autour d'Albert Bayet. En liaison avec le gouvernement provisoire d'Alger et le CNR, elle prépara le futur régime de la presse française libérée.

V. — La perte d'influence de la presse pendant la guerre

Finalement la guerre de 1939-1945 porta à la presse française un coup très dur. Son prestige fut gravement compromis par la médiocre qualité de sa présentation et surtout par les abus de la propagande dont elle dut se faire l'organe. L'accroissement considérable de l'audience de la radio, qui grâce aux émissions des radios étrangères donnait aux Français l'information pluraliste qu'ils ne pouvaient plus trouver dans leurs journaux, contribua aussi à diminuer la sienne. Le capital de confiance dont les journaux pouvaient disposer auprès de leurs lecteurs, déjà fortement entamé depuis le début du XXe siècle, se trouvait bien réduit en 1944 ; la nouvelle presse de la Libération, qui reniait pourtant l'héritage de ces journaux compromis, pâtit cependant dès le départ de cette désaffection du public français pour ses journaux.

Chapitre IX

**APRÈS
LA SECONDE GUERRE MONDIALE**

Depuis 1945, la presse a subi de profondes transformations et son évolution se poursuit qui, par certains côtés, apparaît comme une remise en cause de
ses fonctions et de ses structures dans un monde où
les moyens audiovisuels puis télématiques contestent
les anciens privilèges de l'écrit et où les bouleversements des modes de vie et des comportements trans-
forment à la fois les goûts et les habitudes de lecture,
et les pratiques du journalisme[1].

I. — **Les nouvelles données
du marché de la presse**

1. **La concurrence des autres moyens d'information.**
— La guerre avait favorisé les progrès de la radio ;
l'après-guerre vit la télévision prendre une place croissante dans la vie des lecteurs de la presse. Les journaux durent s'adapter à ces nouveaux concurrents qui
restreignaient fortement le temps de lecture, révé-
laient les nouvelles avant eux, créaient dans le public
des curiosités et des besoins nouveaux, et parta-

---

1. On ne présente ici que les grandes lignes de l'évolution de la
presse jusqu'à la fin des années 60. Pour le tableau de la presse contemporaine, le lecteur peut se reporter au « Que sais-je ? » n° 368, *La
presse.*

geaient avec eux les recettes publicitaires. La presse
avait désormais perdu le monopole de l'information
collective qu'elle avait exercé pendant trois siècles.
Les effets de cette concurrence furent multiples : ils
ont conduit à un équilibre relativement stable. Le
journalisme écrit, devenu complémentaire du journalisme parlé et télévisé, s'orienta soit vers le commentaire de l'actualité – ce qui explique pour une bonne
part les progrès de la presse de qualité – soit vers la
présentation de la petite actualité des nouvelles locales et des faits divers que les moyens audiovisuels ne
pouvaient couvrir régulièrement. Un des effets les
plus clairs de cette expansion de l'audiovisuel fut les
prises de participation croisées des sociétés de presse
et des sociétés de radio ou de télévision : ces « groupes multimédias » nés aux États-Unis se sont déve-
loppés en Angleterre dans les années 60 et en France
dans les années 80 ; ils ont de plus en plus des dimensions internationales : leur essor est en grande partie
lié au développement des chaînes de télévision commerciale.

2. **Les progrès techniques et le poids croissant des
facteurs économiques.** — Dans tous les domaines du
monde de la presse, les progrès techniques boule-
versèrent la vie des journaux. Les progrès de
l'héliogravure puis, dès la fin des années 60, ceux irré-
sistibles de l'offset réduisit à peu la suprématie demi-
millénaire de la typographie. La composition automa-
tique puis la photocomposition, l'introduction des
ordinateurs dans les ateliers de presse et dans le traitement des informations, la mise en page électro-
nique, la généralisation du fac-similé provoquèrent
une révolution des techniques de fabrication et entraînèrent de graves conflits sociaux. La prodigieuse
expansion des télécommunications bouleversa les pratiques d'un journalisme désormais submergé par le

flot des nouvelles ; elle accrut encore l'importance des grandes agences d'information.

Le premier effet de ces différents progrès a été d'accroître les charges financières des entreprises tant pour les investissements que pour les différents coûts de fabrication et ce d'autant plus que les charges salariales, aggravées par l'aménagement des conditions de travail, crûrent dans la presse plus vite en général que dans les autres secteurs industriels. La place des recettes publicitaires dans l'équilibre financier des journaux est devenue de plus en plus déterminante. Ainsi, dans la double nature des journaux, service social et produit commercial, le second terme tendait de plus en plus à peser d'un poids décisif sur l'évolution du marché.

3. **L'élargissement du contenu et la diversification des catégories.** — Pour autant qu'il soit possible de dégager clairement de la masse foisonnante des publications et des multiples transformations de leur style et de leur contenu dans les différents pays, les lignes générales de leur évolution depuis la guerre, il semble que l'on ait assisté à un élargissement constant du champ d'information de la presse, correspondant à l'ouverture croissante des curiosités du public et à la complexité toujours plus grande du monde contemporain. Dans le même temps, la presse quotidienne a perdu relativement de son importance, concurrencée par une presse périodique, spécialisée ou d'informations générales, dont les progrès considérables se font en partie à son détriment, malgré la multiplication des suppléments magazines ou spécialisés créés par les journaux pour résister à ces concurrents.

Malgré sa perte relative d'audience, l'écrit, imprimé et illustré, périodique ou non, conserve sur ses concurrents audiovisuels l'avantage d'inciter à une réflexion active, moins éphémère que l'image ou le son, qui, eux, s'adressent plus à l'émotion superficielle. Désormais de plus en plus colorés, les journaux et les périodiques peuvent mieux résister au charme des émissions de télévision.

II. — La prospérité de la presse américaine

La guerre stimula les progrès de la presse américaine et son développement se poursuivit régulièrement : les États-Unis offrent l'exemple type de la complémentarité des moyens d'information puisque l'extraordinaire succès de la radio et de la télévision n'y a pas freiné la progression de la presse écrite.

L'ère des créations et des succès rapides, de la concurrence acharnée était passée ; la presse était rentrée dans celle de la gestion. Les facteurs économiques l'emportaient : le journal était désormais autant un support publicitaire qu'un véhicule d'informations. Les techniques modernes assagirent le journalisme et uniformisèrent ses méthodes.

1. **La presse quotidienne.** — Les tirages des quotidiens augmentèrent régulièrement : 41 millions d'exemplaires en 1940 ; 48,3 en 1945 ; 53,8 en 1950 ; 58,8 en 1960 ; 62,6 en 1990, puis décrurent lentement (56,7 en 1997). Les nouvelles conditions d'exploitation de la presse conduisirent non au renforcement des chaînes de journaux mais au développement des monopoles locaux, parfois associés à la propriété ou à la gestion de stations de radio ou de télévision. Il est vrai que la pluralité maintenue des entreprises de presse quotidienne est en partie compensée par l'uniformisation relative des sources de l'information nationale et internationale. En 1930, il paraissait 1 942 quotidiens aux États-Unis, 1 848 en 1940, 1 749 en 1945, 1 770 en 1950, 1 763 en 1960, 1 611 en 1990, 1 509 en 1997 mais alors qu'en 1920, 552 villes disposaient d'au moins deux quotidiens concurrents, elles

n'étaient plus que 87 dans ce cas en 1954, 42 en 1981 et 30 en 1997. C'est dans les grandes villes que le phénomène fut le plus marquant et l'on y assista à la disparition de feuilles qui ne purent résister à la concurrence des journaux de banlieue, à l'augmentation des coûts de fabrication et en particulier aux revendications ouvrières souvent soutenues par de grandes grèves. Ainsi New York qui comptait 10 quotidiens en 1945 n'en compte plus aujourd'hui que 3. Au total, et malgré les difficultés des journaux des métropoles, les entreprises éditrices de quotidiens survivants furent prospères pendant la période et elles purent faire face aux investissements rendus nécessaires par la modernisation de leur publication et par l'accroissement de leur pagination (moyenne de pages d'un quotidien, 22 en 1945, 59 en 1973, 72 en 1995).

2. **Les magazines.** — C'est dans le secteur des périodiques que les progrès de la presse américaine furent les plus importants : dans un pays immense où la presse quotidienne s'était régionalisée, ils représentaient la seule véritable presse nationale. Sans parler du succès des énormes journaux du dimanche, édités le plus souvent par les quotidiens, celui des *news magazines* comme *Time, Newsweek* ou *US News,* des hebdomadaires d'informations illustrés comme *Look* ou *Life* dont le déclin suivit les progrès de la télévision, des magazines féminins souvent très anciens (*McCall's* fondé en 1870 est passé de 2,5 millions d'exemplaires en 1930 à 8,2 en 1963 ; *Ladies'Home Journal* lancé en 1883 ; *Woman's Day,* magazine populaire créé en 1937...), et de nombreuses autres catégories de titres spécialisés fut considérable. Les formules de présentation, le style et le contenu de ces magazines se sont constamment adaptés aux goûts de leurs lecteurs, en profitant des progrès de la technique et ils ont souvent servi de modèle pour la presse des autres pays occidentaux.

III. — **Les difficultés de la presse anglaise**

1. **La saturation du marché.** — La guerre ne limita pas les progrès de la presse anglaise : la réduction de la pagination des journaux n'eut pas d'effet sur leur

vente. L'application de la censure ne provoqua que peu d'incidents : le *Daily Worker* communiste fut interdit de janvier 1941 à septembre 1942 et le *Daily Mirror,* très hostile à W. Churchill, faillit être suspendu à plusieurs reprises. Jusqu'en 1947, la course au tirage entre les grands quotidiens se poursuivit sans crise grave, après cette date le marché fut pratiquement saturé et la prospérité, compromise.

Jusqu'en 1957, les tirages ont régulièrement augmenté puis ils ont amorcé une baisse régulière : pour les quotidiens, 17,8 millions d'exemplaires en 1937, 28,6 en 1957, 26,3 en 1967, 23 en 1987, et 18,5 en 1997 ; pour les journaux du dimanche : 15,3 en 1937, 30,2 en 1957, 20,7 en 1987 et 15,2 en 1997. L'opposition entre la presse de qualité et la presse populaire, caractéristique essentielle du marché de la presse anglaise, ne cessa de s'affirmer.

Cette crise du marché fut longuement étudiée par deux commissions d'enquête dont les rapports en 1949 et 1962 furent suivis de l'ébauche d'une politique de freinage de la concentration. Ils aboutirent à la création du *Press Council,* organisme chargé d'une sorte de tutelle morale de la presse, dont les recommandations ont, dans le domaine de la formation des journalistes et de la déontologie professionnelle, été suivies d'effets importants.

2. **La vie des journaux.** — C'est en 1960 que les effets de la crise économique firent leurs premières victimes notables : *Le Star* et *News Chronicle* disparurent. En 1961, le groupe *Odhams Press* fut absorbé par l'International Publishing Corporation dirigée par Cecil King ; le *Daily Herald* disparut en 1964, remplacé par le *Sun.* Quant au vénérable *Times,* la faiblesse de ses tirages et le déficit de son exploitation semblaient le mener à la ruine lorsqu'il fut, en 1966, repris par lord Thomson qui le rajeunit et accrut sa

diffusion puis le vendit en 1981 au magnat australien Rupert Murdoch qui était présent sur le marché anglais depuis 1960. Les magazines, écrasés en Angleterre par les journaux du dimanche, n'eurent pas la possibilité de se développer comme aux États-Unis ou sur le continent. La mort du *Picture Post* en 1957 est à ce point de vue caractéristique ; si l'on excepte les magazines féminins et ceux de télévision, la presse magazine anglaise apparaît, depuis la guerre, beaucoup plus faible que celle des autres pays.

IV. — La reconstitution de la presse allemande

1. **Les conditions de la renaissance.** — La défaite entraîna la disparition complète de l'ancienne presse nazie. Dans leurs zones respectives d'occupation, les Alliés, dès 1945, recréèrent des journaux par un système de *licences* accordées à titre personnel à des Allemands non compromis avec l'Ancien Régime. Ce système devait favoriser la régionalisation de la presse d'outre-Rhin. À l'Est, la nouvelle presse s'inspira naturellement des structures classiques des régimes communistes : *Neues Deutschland,* l'organe du Parti, et la *Berliner Zeitung* furent les deux piliers de la presse nationale.

À l'Ouest la reconstitution de la presse fut rapide : le système de *fideicommis* disparut après la création de la République fédérale en mai 1949 qui restaura la liberté de la presse. Contraintes le plus souvent de reconstruire leurs bâtiments et de s'équiper de neuf, les nouvelles entreprises de presse furent très modernes : le manque de main-d'œuvre fut aussi en un sens un facteur favorable, car il permit aux imprimeries de journaux de ne pas être freinées dans leur développement par les pressions malthusiennes des syndicats ouvriers et de se lancer sans entraves dans la voie de l'automation. Alors qu'à la fin de 1945 la presse quotidienne ne tirait plus qu'à 6 millions d'exemplaires, en 1950 elle diffusait déjà 13,6 millions ; 18,1 en 1960 ; 23,1 en 1968 ; 25,5 en 1985 et à 29,4 en 1997 dans un pays réunifié.

2. **Ses nouvelles structures.** — La nouvelle presse se caractérisait par l'éparpillement de ses publications, mais la concentration fit rapidement sentir ses effets. Si la presse quotidienne resta divisée en plus de 1 000 titres, il se constitua très vite des sortes de chaînes régionales qui assuraient en commun les services rédactionnels, techniques et commerciaux des journaux puis contrôlèrent les entreprises elles-mêmes. La régionalisation ne fut pas vraiment remise en cause, mais dans chaque grande ville des régionaux s'imposèrent. Dans le même temps, la presse se dépolitisait et les grands partis politiques voyaient leurs organes perdre leur influence au profit des journaux « indépendants » dont certains acquirent une influence, sinon une audience nationale comme la *Frankfurter Allgemeine,* la *Suddeutsche Zeitung* de Munich, la *Rheinische Post* de Dusseldorf ou *Die Welt* de Hambourg, puis Bonn et Berlin.

À ce réseau de journaux locaux et régionaux se superposa une presse populaire nationale, de plus petit format et moins chère qui permit à Axel Springer de se constituer un véritable empire de presse unique en Europe.

Autorisé en 1946 à créer à Hambourg un mensuel, puis un hebdomadaire de radio, *Hör Zu,* et en 1948 un quotidien, le *Hamburger Abendblatt,* et un magazine, *Kristall,* il lança en 1952 la *Bildzeitung* dont le succès fut rapide et qui se diffusa à travers toute l'Allemagne de l'Ouest (elle tirait en 1955 déjà à 2 millions d'exemplaires) et en 1953 à Hambourg, *Die Welt,* journal de qualité. Springer lança de nouveaux magazines, prit des participations dans le capital de nombreuses autres entreprises, créa en particulier à Berlin, des imprimeries très modernes et la puissance de son groupe posa à la conscience politique allemande bien des problèmes.

À côté de Springer, d'autres éditeurs réussirent aussi à constituer des groupes de publications, soutenus ou non par des quotidiens, comme les groupes Bauer, Bucerius et Gruner-Jahr.

Parmi les multiples publications périodiques de l'Allemagne fédérale d'après-guerre, une des plus originales est le *Spiegel* de Rudolf Augstein, lancé en octobre 1946 et qui dans la formule des *news magazines* obtint un succès que les poursuites dont il fut l'objet en 1962 n'ont pas compromis[1].

V. — Les progrès et les lentes transformations de la presse soviétique

Les structures de la presse soviétique ont peu évolué depuis l'avant-guerre. Les créations de titres nouveaux furent rarissimes au niveau national mais les progrès de la presse furent considérables tant sur le plan technique que sur celui des tirages, surtout après 1960 (nombre d'exemplaires de quotidiens, pour 1 000 habitants : 172 en 1960 ; 336 en 1970 ; 442 en 1986). Les journaux soviétiques restaient très bon marché et leur pagination faible. Les tirages de la *Pravda* et des *Izvestia* dépassaient les 5 millions d'exemplaires en 1966 ; en 1976, ils avoisinaient les 10 millions. La presse centrale avec ses quelque 15 quotidiens dominant nettement celle, « régionale » des Républiques.

La conception pédagogique du journalisme soviétique a peu évolué, même après la mort de Staline. Il

1. Cf. *Les médias en Allemagne*, Paris, PUF, « Que sais-je ? », n° 3523.

fallut attendre l'arrivée au pouvoir de Gorbatchev puis l'effondrement de l'URSS à la fin des années 80 pour qu'éclate le système de presse soviétique.

VI. — Le renouveau
et les crises de la presse française

1. **La révolution de 1944.** — La Libération en 1944 entraîna une profonde transformation du régime et des structures de la presse française.

Les ordonnances des 6 mai, 22 juin, 26 août et 30 septembre 1944 assurèrent d'abord l'épuration : les journaux ayant paru dans la France occupée sous le contrôle allemand furent supprimés. Les nouveaux journaux durent, jusqu'en février 1947, recevoir une autorisation de paraître qui fut accordée en priorité aux anciennes feuilles clandestines, aux anciens journaux qui s'étaient sabordés, et à de nouvelles équipes patronnées par la Résistance. La correctionnelle devint la seule juridiction des procès de presse. Pour assurer la « transparence » des entreprises de presse, on interdisait l'usage des prête-noms dans leur capital et on remplaçait le gérant, homme de paille, par un *directeur de publication,* représentant qualifié des propriétaires. On interdisait aussi, pour empêcher la concentration, à une seule personne de diriger plus d'un quotidien. Les biens des journaux interdits furent mis sous séquestre et confiés par la loi du 11 mai 1946 à la *Société nationale des entreprises de presse* qui les louait aux journaux autorisés. La loi du 2 août 1954 permit enfin aux journaux de les racheter, à bon compte.

Il s'agissait là d'une véritable révolution qui faisait table rase de l'ancienne presse et, grâce à une collaboration étroite de l'État et des organisations professionnelles, notamment la Fédération nationale de la presse française, offrait à tous les journaux autorisés les mêmes chances. Même si, par la suite, les impératifs économiques et les goûts de la clientèle, conduisirent ces journaux qui voulaient rester au seul service de leurs idéaux politiques ou culturels, à retomber dans les ornières de la presse commerciale, il serait injuste de ne pas retenir les heureux effets de cette réorganisation qui donnait leur indépendance aux nouvelles équipes de journalistes dont beaucoup cependant manquaient des compétences nécessaires à la gestion économique de leurs entreprises.

Le 30 septembre 1944, l'Agence France-Presse fut constituée à titre provisoire. Elle fut dotée d'un statut original par la loi du 10 janvier 1957. Elle réussit grâce à la qualité de ses services, à reprendre sur le marché mondial de l'information une place comparable à celle que l'Agence Havas avait occupée avant la guerre.

2. **Le foisonnement des journaux (1944-1947).** — Malgré les restrictions très sévères de papier – les quotidiens ne furent autorisés à passer à 6 pages qu'en 1949 et le marché du papier ne fut libéré qu'en 1950 – les tirages des quotidiens augmentèrent et passèrent de 12 à 15 millions d'exemplaires de 1945 à 1946. Le nombre des nouveaux quotidiens était très élevé : 28 à Paris et 175 en province en 1946.

Parmi ces journaux, à Paris, la presse de gauche, avec *L'Humanité* et *Ce soir,* communistes, *Le Populaire* et *Franc-Tireur,* socialistes, *Libération* et *Combat* d'Albert Camus, l'emportait largement, mais déjà *Le Figaro* avait atteint 400 000 exemplaires ; avec *L'Aurore,* il servait l'ancienne clientèle des journaux modérés disparus. Déjà *France-Soir,* héritier de *Défense de la France,* reprenait la formule de *Paris-Soir* ; *Le Parisien libéré* celle du *Petit Parisien* ; *Paris-Presse* celle de *L'Intransigeant* ; quant au sérieux *Monde,* ses tirages restaient faibles. La presse de province vit aussi ses titres multipliés dans les grandes villes, avec une nette prépondérance à gauche. Les journaux parisiens qui assuraient encore 50 % du marché des quotidiens en 1939, vit sa part se réduire notablement : 39 % en 1946, 35 % en 1952, 30 % en 1981 et 24 % en 1997.

3. **La crise de 1947 à 1953.** — Cette multiplicité des journaux était économiquement malsaine. La crise

éclata avec la grande grève des typographes de l'hiver 1946-1947, suivie de la faillite des *Messageries françaises de presse* qui entraîna le vote de la loi du 2 avril 1947 réglementant les messageries et permit la création, avec le concours de la Société Hachette, des *Nouvelles Messageries de la presse parisienne.* Le retour à la concurrence, favorisée par la suppression, en vertu de la loi du 28 février 1947, de l'autorisation de paraître, sous réserve de la garantie des droits dans l'entreprise des équipes qui avaient bénéficié de cette autorisation, l'accroissement du prix de vente des journaux qui passa, par étapes, de 4 F en juin 1946 à 15 F en octobre 1951, lié à l'augmentation des coûts de fabrication, à la montée du prix du papier et à l'accroissement de la pagination, entraînèrent une chute des tirages (9,6 millions d'exemplaires seulement en 1952) et du nombre des quotidiens (14 à Paris et 117 en province en 1952).

Parmi les survivants beaucoup voyaient leurs tirages baisser, alors que *France-Soir* atteignait 750 000 exemplaires ; *Le Parisien libéré,* 500 000 ; *Le Figaro,* 450 000 ; et *L'Aurore,* 320 000, la presse politique perdait ses lecteurs au profit des journaux modérés.

La presse périodique, elle, renaissait. *Paris-Match* reprenait en 1949 la place du *Match* d'avant-guerre et se heurtait à ses débuts à *Point de vue - Images du monde* (1948). La presse à sensation, la presse féminine, avec *Elle* surtout, la presse du cœur retrouvaient leur prospérité. Les hebdomadaires politiques prenaient un nouveau départ grâce à l'affaiblissement de la presse quotidienne des partis. *L'Observateur* naissait en 1950 d'une scission de l'équipe de *Combat.*

Le succès allait aux entreprises bien gérées qui avaient su, à la fois, retrouver la clientèle attachée aux traditions journalistiques de l'avant-guerre et attirer les capitaux indispensables au financement de leur modernisation. Déjà se constituaient des groupes, le groupe Amaury autour du *Parisien libéré,* le groupe Hachette autour de *France-Soir,* le groupe Prouvost autour de *Paris-Match...*

4. La consolidation des journaux en place (1954-1957).

Après l'échec successif des diverses tentatives de réforme du statut des entreprises de presse et de nationalisation partielle de leur équipement, une loi du 2 août 1954 permit l'acquisition immédiate des biens de presse transférés à l'État, par les journaux qui n'en avaient que la jouissance précaire en supprimant la condition de vote d'un nouveau statut de la presse à laquelle était subordonnée cette acquisition. Cette loi consolida l'organisation matérielle de la presse « installée dans ses meubles », en accentuant la rentrée dans le système commercial. Celle-ci fut favorisée par l'inapplication partielle de l'ordonnance du 26 août 1944 sur le statut de l'entreprise de presse. Elle fut quelque peu tempérée par l'accroissement des aides de l'État et par le développement du système coopératif pour la gestion des services d'intérêt commun.

Dans cette période de stabilité des prix de vente, les disparitions de quotidiens furent rares et l'échec des tentatives de lancement de journaux nouveaux fut l'indice d'un certain équilibre du marché. Le tirage des quotidiens remonta lentement à 11,4 millions en 1957. En province, les grands régionaux assurèrent leur monopole et à Paris, alors que *Le Figaro* stabilisait son tirage à 500 000 exemplaires et que *L'Aurore* atteignait presque ce chiffre, *France-Soir* dépassait le million et *Le Parisien libéré* frisait les 900 000. *Le Monde* dépassant les 200 000 exemplaires. Dans la presse périodique, les créations et les succès étaient nombreux. *Jours de France* se lançait en 1954. *L'Express* créé en 1953, et un temps quotidien en 1956, trouvait sa place sur le marché des périodiques politiques alors que *Le Canard enchaîné,* reparu en 1944, dépassait les 200 000 exemplaires.

5. **La stagnation (1958-1967).** — Après 1957, la situation économique de la presse française semble s'être aggravée. La modernisation des équipements, nécessaire à l'heure de l'automation mais freinée par la résistance ouvrière, fut à peine commencée dans certaines entreprises. Les tirages stagnèrent et même baissèrent pour certains des titres les plus importants. Cette stagnation est à mettre en partie au compte des augmentations du prix de vente qui, pour les quotidiens, passa de 15 F en 1957 à 40 centimes en 1967, et, peut-être, à l'audience croissante de la télévision. Si les grands régionaux consolidèrent leurs positions et accrurent le plus souvent leur diffusion, la plupart des grands journaux parisiens, à l'exception du *Figaro* et surtout du *Monde,* dont les tirages dépassèrent 400 000 exemplaires en 1967, eurent plus de mal à maintenir leur diffusion. Quant à la formule du quotidien petit format, tenté par *Paris-Jour* en 1958, et *Le Parisien libéré* en 1965, elle n'obtint pas un succès comparable à celui des *tabloïds* anglo-saxons. Mais c'est surtout dans le monde des périodiques que les transformations furent les plus notables avec en particulier le renouveau de *L'Express* après 1964, le succès des magazines de jeunes, de radiotélévision, le développement des mensuels spécialisés et des publications en fascicules...

1968 et ses crises ouvrirent une autre période : celle des incertitudes. La régulière augmentation des coûts, l'érosion de l'audience globale des quotidiens trop facilement peut-être opposée à l'augmentation de celle de la télévision, la diversification croissante des publications périodiques, la poursuite de la diminution du nombre des titres (203 quotidiens en 1946, 111 en 1960, 86 en 1974, 69 en 1997) suscitaient bien des inquiétudes. Le mouvement en faveur de l'établissement d'un statut spécifique des entreprises de presse se poursuivait, stimulé par les revendications des « sociétés de rédacteurs » qui réclamaient pour les journalistes le droit de participer à l'élaboration de la politique rédactionnelle des entreprises qui les employaient.

À partir de 1975, la plupart des journaux parisiens, sauf *Le Monde,* entrèrent dans une période de crise qui provoqua bien des conflits avec leurs salariés et bien des remuements dans leur propriété cependant que leurs tirages s'effritaient au cours des ans (370 exemplaires pour 1 000 habitants en 1946, 218 en 1952, 221 en 1972, 200 en 1975, 185 en 1985, 153 en 1997). Le marché des périodiques restait dynamique et prospère. Les journaux de province continuaient à jouir paisiblement des rentes de leur monopole. La crise économique et la réduction des recettes publicitaires ont, à la fin des années 80 et au début des années 90, aggravé les difficultés de la presse quotidienne et aussi favorisé l'entrée de groupes de presse allemands et anglais dans le marché français. Depuis 1998, la reprise de la publicité a permis de retourner en prospérité.

BIBLIOGRAPHIE
des ouvrages en français

I. — HISTOIRES GÉNÉRALES

Histoire générale de la presse française, publiée sous la direction de C. Bellanger, J. Godechot, P. Guiral et F. Terrou, aux PUF.

  T. I : *Des origines à 1814* par L. Charlet, J. Godechot, R. Ranc et L. Trenard, préface de P. Renouvin, 1969, 652 p.

  T. II : *De 1815 à 1871* par L. Charlet, P. Guiral, C. Ledré, R. Ranc, F. Terrou et A. J. Tudesq, 1969, 472 p.

  T. III : *De 1871 à 1940* par P. Albert, L. Charlet, R. Ranc et F. Terrou, 1972, 688 p.

  T. IV : *De 1940 à 1958* par C. Bellanger, C. Lévy, H. Michel, F. Terrou, 1975, 486 p.

  T. V : *De 1958 à nos jours* par C. Bellanger, L. Charlet, R. Ranc, T. Terrou, 1976, 550 p.

Feyel (Gilles), *La presse en France des origines à 1944,* Paris, Ellipses, 1999, 192 p.

Hatin (Eugène), *Histoire politique et littéraire du journal en France,* 8 vol., Paris, 1859-1861 ; rééd., Genève, Slatkine, 1967.

— *Bibliographie... de la presse périodique française,* rééd., Paris, Anthropos, 1965, 660 p.

Sgard (J.) *et al., Dictionnaire des journaux (1600-1789),* Paris, Éd. Universitas, 1991, 2 vol.

Weill (Georges), *Le Journal, origines, évolution et rôle de la presse périodique,* Paris, Renaissance du Livre, 1934, 450 p.

Table du journal « Le Temps », Éditions du CNRS, volumes parus de 1861 à 1900.

II. — ÉTUDES PARTICULIÈRES

Albert (Pierre), *La presse,* Paris, PUF, « Que sais-je ? », n° 414, 128 p.

— *La presse française,* Paris, NED, La Documentation française, 1re éd. 1978 ; 2e éd. 1983 ; 3e éd. 1990 ; 4e éd. 1998.

— *La France, les États-Unis et leurs presses,* Paris, Centre Pompidou, 1977, 267 p., diffusion Flammarion.

— *Histoire de la presse politique nationale (1871-1879),* Honoré Champion, 1980, 2 t., 1 600 p.

— *et al., Presse, radio et histoire,* Actes du Congrès des sociétés savantes de Strasbourg, 1988, Paris, Éditions du CTHS, 1989, 358 p.

— *Les médias en Allemagne,* Paris, PUF, « Que sais-je ? », n° 3523, 128 p.

— et Leteinturier (Christine), *Les médias dans le Monde,* Paris, Ellipses, 1999, 160 p.

Amaury (Francine), *Histoire du plus grand quotidien de la IIIe République. « Le Petit Parisien » (1876-1944),* Paris, PUF, 1972, 2 t., 1 352 p.

Balle (Dr Francis), *Dictionnaire des médias,* Paris, Larousse, 1998, 283 p.

Bertaud (J.-P.), *La presse et le pouvoir de Louis XIII à Napoléon Ier,* Paris, Perrin, 2000, 278 p.

Bertrand (C.-J.), *Les médias aux États-Unis,* Paris, PUF, « Que sais-je ? », n° 1593, 128 p.

— *Les médias en Grande-Bretagne,* Paris, PUF, « Que sais-je ? », n° 3415.

Cazenave (E.) et Ulmann-Mauriat (C.), *Presse, radio et télévision en France de 1631 à nos jours,* Paris, Hachette, 1994, 256 p.

Delporte (C.), *Histoire du journalisme et des journalistes en France,* Paris, PUF, 1995, 128 p.

Dupuy (Micheline), *Le Petit Parisien,* Paris, Plon, 1989, 454 p.

Ferenczi (Thomas), *L'invention du journalisme en France... XIXe siècle,* Paris, Plon, 1993, 278 p.

Feyel (Gilles), *La Gazette en province à travers ses réimpressions, 1631-1752,* Amsterdam, Holland University Press, 1982, 452 p.

— *L'annonce et la nouvelle. La presse d'information française sous l'Ancien Régime,* Oxford, Fondation Voltaire, 2000, 1 387 p.

Freville (Henri), *La presse bretonne dans la tourmente, 1940-1946,* Paris, Plon, 1979, 348 p.

Guillauma (Y.), *La presse politique... de 1944 à 1958. Inventaire des titres,* Paris, YG, 1995, 620 p.

Huteau (J.) et Ullmann (B.), *AFP, une histoire de l'Agence France-Presse 1944-1990,* Paris, R. Laffont, 1992, 572 p.

Journalisme d'Ancien Régime (Le), ouvrage collectif, Presses Universitaires de Lyon, 1981, 414 p.

Kayser (Jacques), *Mort d'une liberté...,* Paris, Plon, 1955, 399 p.

— *Le quotidien français,* Paris, Colin, 1963, 408 p.

Kintz (J.-P.), *Journaux politiques et journalistes strasbourgeois sous le Second Empire (1852-1870),* Strasbourg, Istra, 1974, 161 p.

Labrosse (Claude) et Rétat (Pierre), *Naissance du journal révolutionnaire,* Lyon, Presses Universitaires de Lyon, 1989, 320 p.

Lefebure (A.), *Havas, les arcanes du pouvoir,* Paris, Grasset, 1992, 406 p.

Lerner (Henri), *« La Dépêche », journal de la démocratie...,* Toulouse, Publications de l'Université de Toulouse - Le Mirail, 1978, 2 t., 1 012 p.

Martin (Dr Marc), *Histoire des médias... 1930-1950,* Paris, Albin Michel, 1991, 306 p.

— *Trois siècles de publicité en France,* Paris, Odile Jacob, 1992, 430 p.

Mathien (Michel) et Conso (Catherine), *Les agences de presse internationales,* PUF, « Que sais-je ? », n° 3231, 128 p.

Palmer (Michaël), *Des petits journaux aux grandes agences. Naissance du journalisme moderne,* Paris, Aubier, 1983, 348 p.

— et Boyd-Barret, *Le trafic des nouvelles agences mondiales d'information*, Paris, A. Moreau, 1981, 712 p.

Rétat (Pierre), *Les journaux de 1789*, Paris, CNRS, 1988, 430 p.

— *La Révolution du journal (1788-1794)*, Paris, CNRS, 1989, 354 p.

et al., Les gazettes européennes aux XVIIe et XVIIIe siècles, Publications de l'Université de Saint-Étienne, 1992, 350 p.

Roth (François), *Le temps des journaux. Presse et cultures nationales en Lorraine mosellane, 1860-1940*, Nancy, Éd. Serpenoise, 1983, 274 p.

Seguin (Jean-Pierre), *Nouvelles à sensation, canards du XIXe siècle*, Paris, Colin, « Kiosque », 223 p.

Sgard (J.) *et al., La presse provinciale au XVIIIe siècle*, Université de Grenoble, 1983, 149 p.

Vogne (Marcel), *La presse périodique en Franche-Comté de 1815 à 1870*, Besançon, 1977 et sq., 8 t.

Watelet (Jean), *La presse illustrée en France 1814-1914*, Villeneuve-d'Asq, Presses du Septentrion, 1999, 2 vol.

Wolfensinger (J.), *L'histoire à la Une. La grande aventure de la presse*, La Découverte - Gallimard, 1989.

TABLE DES MATIÈRES

Introduction   3

Chapitre I — **La préhistoire des journaux et la naissance
        des gazettes**   5

Chapitre II — **Les progrès et la diversification de la
        presse aux XVIIe et XVIIIe siècles**   13

Chapitre III — **La presse française sous la Révolution et
        l'Empire (1789-1815)**   24

Chapitre IV — **L'industrialisation et la démocratisation
        de la presse du début du XIXe à 1871**   32

Chapitre V — **Le développement de la presse populaire à
        grand tirage (1871-1914)**   55

Chapitre VI — **La presse dans la Grande Guerre (1914-
        1918)**   76

Chapitre VII — **L'ère des grands journaux (1919-1939)**   81

Chapitre VIII — **La presse en France pendant la seconde
        guerre mondiale (1939-1944)**   104

Chapitre IX — **Après la seconde guerre mondiale**   110

Bibliographie   125

Imprimé en France
par Vendôme Impressions
Groupe Landais
73, avenue Ronsard, 41100 Vendôme
Novembre 2004 — N° 51 834